AF390018

VIE,
AVENTURES, FACÉTIES,
GROSSES BÉTISES,
ESPIÉGLERIES, MALICES ET FILOUTERIES

DU

VIEUX FARCEUR
WALLON.

2243

———————

A PARIS,

Chez DELARUE, Libraire, Quai des Augustins, 11 ;

LILLE, Chez BLOCQUEL-CASTIAUX.

Naissance et Baptême d'Ulespiègle; sa première Mésaventure.

Vers le milieu du treizième siècle (Marguerite la Noire régnait alors sur les Flamands), il y avait en Flandre , au bourg de Knesselaere , un homme de bien qui s'appelait Nicolas Tiel. Anna Werbeck était sa femme. Ils avaient longtemps demandé au ciel qu'il leur accordât un fils ; et leurs vœux enfin venaient d'être exaucés.

Dès que le petit enfant eût jeté ses premiers cris , son père voulut qu'il fût porté à l'église , pour y être baptisé. On ne sait quel nom lui imposa le prêtre. Mais par la suite , et pour les raisons que l'on verra , on lui donna le surnom d'Ulespiègle , qui veut dire *Miroir du*

Hibou; et d'autant qu'autrefois cet oiseau fut consacré à Minerve, il se peut que par-là on ait voulu entendre *miroir de sagesse*.

Les voisins et les voisines avaient été invités, selon l'usage, ainsi que les parens, à la cérémonie du baptême. En sortant de l'église, la compagnie se rendit toute joyeuse au cabaret, où le père du nouveau-né voulut que l'on bût copieusement, tant il avait le cœur en liesse à cause de son fils.

Lorsque le jour baissa et qu'il fallut retourner au logis, la sage-femme qui portait l'enfant se mit en tête de la troupe, ayant à côté d'elle le bonhomme Nicolas. Ils marchaient en joviale humeur : et comme il fallait passer un méchant pont quelque peu délabré, l'accoucheuse, déviant dans ses pas, soit à cause de l'obscurité qui commençait à s'épaissir, soit que pour mieux témoigner son contentement elle eût trop bu d'un coup, tomba avec le petit Ulespiègle dans le fossé, qui heureusement alors était presque sans eau, mais très-bourbeux. L'assistance de quelques-uns de la compagnie la tira de là, sans autre mésaventure; et comme la mauvaise herbe ne périt point (c'est la réflexion d'un historien allemand de notre héros), Ulespiègle ne fut de cet accident que légèrement crotté.

Tous étant rentrés à la maison, on fit tiédir de l'eau pour laver la sage-femme et l'enfant. Ainsi s'explique ce qui a été dit par de mauvais plaisants que Tiel Ulespiègle reçut le même jour trois baptêmes ; à savoir le baptême d'eau froide, le baptême d'eau sale et le baptême d'eau chaude. Et ce fut là le commencement de la singulière destinée d'Ulespiègle.

Adroites réponses qu'il fit à un cavalier, à l'âge de cinq ou six ans.

Ulespiègle grandit heureusement. Dès qu'il commença à marcher, il montra des dispositions extraordinaires à l'agilité et à la souplesse. Ses cabrioles grotesques, ses petites mines et ses gambades lui donnaient tout à fait l'air d'un singe habillé ; tous ses historiens sont d'accord là-dessus ; et quand son intelligence se développa, il laissa voir tous les signes d'un esprit malicieux et rusé.

Les bonnes gens de Knesselaere hochaient la tête, n'augurant pas chance heureuse des imaginations futées et matoises de cet enfant. Mais dans le commencement, son père, qui le chérissait d'un amour aveugle, riait et se frottait les mains à tous ses tours, n'en voyant que le côté spirituel et la partie ingénieuse.

De fait, le petit drôle donna lieu plusieurs fois à cette satisfaction paternelle, par des traits plaisants dont il nous faut raconter un ou deux.

Un jour (Ulespiègle pouvait avoir cinq ou six ans), ses parents étant sortis aux champs, l'avaient laissé seul gardien du logis. Il survint d'aventure un voyageur, qui allait à cheval. Voulant demander son chemin et ne voyant personne dehors, il s'avança jusqu'à la porte de Nicolas Tiel, laquelle était faite comme il arrive souvent à la campagne, divisée en deux ventaux, dont celui d'en bas était fermé, tandis que celui d'en haut restait ouvert pour donner du jour à la chambre, qui n'avait guère d'autre fenêtre. Le cavalier poussa la tête de sa monture dans la baie, et s'y penchant lui-même comme pour aller à la découverte, il cria :

— N'y a-t-il personne ici ?

— Il y a, répondit vivement Ulespiègle, un homme et demi et une tête de cheval, car vous êtes à mi-corps dans la maison, et moi j'y suis tout entier.

Le voyageur se mit à rire ; puis il reprit doucement :

— Et me diriez-vous, mon petit ami, où sont votre père et votre mère ?

— Mon père, répondit l'enfant, est allé rendre plus mauvais ce qui l'est déjà ; ma mère est sortie pour une affaire, dont elle ne retirera que honte ou dommage.

Voilà ce que je ne saurais comprendre, dit l'étranger, pour qui ces paroles étaient des énigmes qui le rendaient tout émerveillé.

Ulespiègle s'expliqua donc.

Mon père travaille, dit-il, à un sentier

qu'on a formé à travers les blés ; il y creuse des trous afin qu'on n'y passe plus. Ma mère est allée emprunter du pain, de sorte que, pour elle, si elle en rend trop, ce sera dommage, si elle en rend trop peu, ce sera honte.

Le voyageur, ne pouvant s'arrêter davantage, complimenta l'enfant sur son esprit ; après quoi il lui dit encore :

— Mais vous, mon beau fils, qui êtes si habile, ne pouvez-vous me dire où je dois prendre mon chemin, pour aller à Gand et ne pas m'égarer?

— Allez, répliqua Ulespiègle, par où vont les oies que vous voyez là-bas.

L'homme piqua son cheval et suivit les oies, qui le conduisirent à travers une humide prairie et bientôt se jetèrent, en secouant leurs ailes, dans un marécage sans issue. Les voyant nager, et ne sachant les suivre plus loin, il revint sur ses pas.

— Mais, dit-il à Ulespiègle, les oies se sont jetées à l'eau.

— Je vous ai dit, répliqua l'enfant, d'aller par où elles vont et non par où elles nagent.

L'étranger, ne pouvant rien tirer de plus du petit Ulespiègle, et reconnaissant bien qu'on le raillerait de se fâcher, prit le parti de rire encore et de chercher ailleurs ses renseignements.

Il s'éloigna donc, très-ébahi de la subtilité de cet enfant.

Son père le promenant à cheval, il fait des niches aux passants.

Ulespiègle n'avait pas huit ans, que déjà la renommée de sa malice remplissait tout le voisinage, et fronçait les sourcils des gens moroses. Des plaintes nombreuses arrivaient tous les jours à son père; on l'accusait de tant de méchancetés et mauvais tours, que le bonhomme, quoi qu'il n'en sût rien remarquer par lui-même, commençait à s'en troubler. L'enfant s'excusait toujours, disant qu'il ne faisait mal à personne.

— Mais, ajouta-t-il, cher père, si vous voulez acquérir la preuve que tout ce qu'on vous dit de moi n'est que mauvaise intention de la part de nos voisins, montez sur votre cheval, prenez-moi derrière vous, traversons le bourg, et vous verrez que nous ne passerons nulle part sans que les gens n'aient à gloser sur mon compte.

— C'est bon, répliqua Nicolas Tiel; je ferai cela.

Et le lendemain, il sortit sur son cheval, ayant placé son fils en croupe.

Pendant qu'ils traversaient le bourg, Ulespiègle levait tout doucement sa chemise et montrait son derrière aux passants.

A l'aspect de ce miroir de nouvelle espèce, selon l'expression de l'éditeur de Stuttgard, les bonnes gens disaient tout haut : Voyez ce petit malicieux !

— Vous l'entendez, cher père, ripostait aussitôt l'enfant; je ne fais mal à personne, et ils m'appellent malicieux!

— C'est singulier, dit Nicolas.

Puis, pour s'éclairer complètement, il prit son fils, le mit devant lui, sur le cheval, et continua à marcher, surveillant tous ses mouvements.

Ulespiègle, sans que son père s'en aperçut, se mit à faire à chaque personne qui passait une moqueuse grimace, en tirant la langue aussi grande qu'il pouvait; et de rechef les gens disaient:

— Voyez quel petit vaurien est cet enfant!

— Il faut, dit à part soi Nicolas Tiel, sans deviner la cause de ces exclamations, que mon fils soit né sous une influence malheureuse, ou que les gens de céans soient envieux de son grand esprit, puisque, bien qu'il se tienne en repos, on le déteste.

Et il s'en revint en sa maison tout pensif.

Il prend sa part d'un potage-monstre, et se venge de celui qui le force à le manger.

Il y avait, à Knesselaere, un paysan de grande avarice. Il venait de tuer son cochon; et c'était l'usage, en pareille circonstance, de faire une soupe grasse et abondante avec le bouillon des boudins, andouilles, fricadelles et autres menues pièces qu'on fait cuire toutes fraîches, et d'en régaler les enfants du village. Ce mauvais homme, à qui une telle coutume déplaisait à cause de son humeur, réso'ut d'en faire passer le goût aux enfants; pour cela, il fit bouillir une soupe si épaisse, qu'elle eût étouffé les chiens; et quand les pauvres enfants furent assis autour de la table, il ferma sa porte et leur signifia qu'ils eussent à manger sans boire toute cette chaudière de potage, que volontiers on eût pris pour du mortier.

Les petits eurent beau faire mine de s'étrangler, le fermier les contraignit à grands coups de gaule de manger tout jusqu'au fond.

Il en voulait surtout à Ulespiègle, et l'ayait si fort maltraité, que le malin garçon en conservait bonne rancune. Sans rien dire de son projet, il se munit de vingt longues ficelles, qu'il lia toutes ensemble par le milieu; à chacun des quarante bouts de son piège, il attacha une croute de pain et jeta le tout dans la cour du paysan. On comptait là une quarantaine de poules. Chaque volatile se précipita sur une croute et l'avala avec gloutonnerie; après quoi, toutes de tirer l'une sur l'autre à grands battements d'ailes, tendant la langue et se tordant le gosier.

Au bruit qui se fit, le paysan accourut; voyant toutes ses poules ainsi prises, il aperçut en même temps Ulespiègle qui lui dit en gagnant des jambes: — Je vous paie, bon sournois, l'intérêt de votre soupe.

Il se fait danseur sur corde et joue un malin
tour à des enfants qui s'étaient moqué de
lui.

A peu de temps de là, Nicolas Tiel, soit qu'il eût éprouvé quelques désastres, à cause des guerres intestines qui alors de temps en temps désolaient la Flandre, soit que les méchancetés de son fils lui eussent attiré trop de peines, se trouva obligé de quitter son bon pays de Knesselaere et d'aller s'établir à Coolkerke. C'était le village de sa femme, situé sur un petit canal, entre Damme et Bruges. Bientôt après le chagrin et l'ennui firent qu'il passa de vie à trépas.

Anna Werbeck, sa femme, étant ainsi demeuré veuve, vécut tristement avec son fils, dont elle blâmait tous les jours la conduite; et elle mangea le peu qui lui restait; si bien que le ménage ne tarda pas à tomber dans la misère.

La bonne femme, qui n'était pas aussi douce que Nicolas, voulait que son fils apprît un métier pour la soutenir. Mais, malgré les corrections qu'elle ne lui épargnait pas, l'enfant ne pouvait se plier à aucun travail; souvent il s'échappait et courait à Bruges, où la comtesse de Flandres parfois tenait sa cour; et quand des Bohémiens ou autres bateleurs et charlatans faisaient leur spectacle sur les places publiques, il apprenait d'eux une bonne malice ou quelque tromperie.

C'est dans ces petites excursions qu'il se dressa à l'art de danser sur la corde ; et il se décida à faire ce métier pour gagner quelque argent.

Un jour, que dans le village de Koolkerke il dansait sur une corde tendue au-dessus de l'eau, et attachée de chaque côté à la barre d'une fenêtre, comme il s'évertuait en facétieux tours d'adresses pour amuser les curieux, sa mère vint toute courroucée à l'une des fenêtres et avec un grand couteau elle coupa la corde ; Ulespiègle tomba dan l'eau, à la grande joie des spectateurs, et surtout aux longues moqueries des enfants. Il savait nager assez bien pour se tirer de là ; et supportant très-bien l'emportement de sa mère, il garda une solide rancune aux petits garçons qui le baffouaient.

Mais, cachant sous une apparence de joyeuse mine, ce qu'il méditait, il fit bonne contenance, et annonça pour le lendemain des choses plus surprenantes que les tours de ce jour-là.

Le lendemain, qui était un lundi, il revint en effet, tendit sa corde au-dessus de l'eau, à quelques maisons plus bas, fit deux ou trois cabrioles divertissantes ; puis il dit aux enfants qui le regardaient :

— Vous allez, s'il vous plaît, voir à présent une chose merveilleuse, pour laquelle il faut que chacun de vous me veuille bien prêter un soulier.

Ce qui fut fait aussitôt sans défiance ; il rassembla cent-vingt petits souliers , les enfila tous dans un long cordon , et dansa un peu de temps avec ce paquet ; puis quand la foule parut s'impatienter et que les enfants crièrent tous qu'ils voulaient ravoir leurs souliers , il lâcha un bout du cordon et lança tous les souliers en un monceau , disant :

— Que chacun cherche le sien !

Tous les enfants se précipitèrent avec tant de hâte , qu'ils se renversèrent les uns les autres , criant chacun après son soulier , se les arrachant des mains et s'alongeant de bons horions ; de sorte que les parents furent obligés de s'entremêler , de se quereller , de se fâcher bientôt , et que, prenant parti , ils finirent par se battre pêle-mêle.

Ulespiègle les considérait tout joyeux ; quand il vit la bataille bien engagée , il se retira prudemment , content de s'être vengé.

Moyen dont il se sert pour faire avoir du pain à sa mère qui en manquait.

Pendant plus de quinze jours , Ulespiègle demeura tranquillement au logis ; sa mère était toute joyeuse , espérant que son fils allait s'amender. — Abandonnez vos mauvaises habitudes , mon enfant, lui dit-elle, car elles vous conduiront à une malheureuse fin , voyez ce que vous y avez gagné ; nous n'avons

plus de pain à la maison, il n'y a que le travail qui fasse vivre.

Ulespiègle baissait la tête; mais ce mot:
Nous n'avons plus de pain, l'inquiéta; et il se
mit à songer aux moyens d'y pourvoir.

Il se rendit à Bruges; et entrant hardiment
dans la maison d'un boulanger, il se mit à
dire: Envoyez de suite à mon maître, qui
donne un grand dîner, six pains blancs de
trois sous et six pains bis.

—Qui est votre maître, demanda la femme?

—Ulespiègle nomma le seigneur d'un riche
hôtel et ajouta: Que votre garçon vienne
avec moi; mon maître le paiera.

Il avait apporté un sac, dans lequel la bou-
langère mit le pain.

Lorsqu'il fut arrivé à quelque distance,
avec le garçon qui l'accompagnait, il laissa
tomber dans la boue, par un trou pratiqué
au sac, un des six pains bis. L'ayant ramassé,
il s'arrêta, mit le sac sur une pierre et dit à
l'apprenti-boulanger:

—Jamais je n'oserai porter ce pain-là à
mon maître; cours bien vîte en chercher un
autre, je t'attendrai ici.

C'était au détour d'une rue. Le pauvre
garçon ne soupçonnant pas la feinte, courut
vivement à sa boutique et se hâta de revenir
avec un autre pain frais. Mais il ne trouva plus
personne. On alla à l'hôtel indiqué, où,
comme le lecteur s'en doute, on ne savait
pas ce que le boulanger voulait dire.

Mais Ulespiègle avait apporté du pain à sa mère, en lui disant : Mangeons tant que nous en aurons, et tâchons de nous en passer quand nous n'en aurons plus.

Comment il se sauve des mains de deux voleurs qui l'emportaient dans un coffre, croyant avoir fait une riche capture.

Un jour que Tiel avait été invité à une kermesse, avec sa mère, chez un fermier qui leur voulait un peu de bien, il but si largement au dîner, que, se sentant pressé du besoin de dormir, il chercha un lieu où il pût le faire tranquillement. Au bout du jardin se trouvaient les magasins d'un juif ; et contre la muraille plusieurs coffres et ballots. Il se blottit dans un grand coffre vide, rabattit le couvercle et s'endormit profondément. Sa mère, ne le trouvant plus, crut qu'il avait regagné le logis et s'en retourna seule.

Pendant la nuit, deux larrons, qui s'étaient proposé de voler le juif, vinrent rôder autour des coffres, les ayant soulevés dans l'ombre, ils se décidèrent, comme de juste, à enlever le plus pesant, qu'ils jugeaient le meilleur. C'était celui où se trouvait Ulespiègle. Leur approche l'avait éveillé ; et il entendait tout ce qu'ils se disaient. Ils emportèrent le coffre ; le garnement qui lui donnait du poids ne sonna mot. Mais bientôt, profitant de l'obscurité profonde, il leva doucement le couvercle et, alongeant la main, il tira par les cheveux le voleur qui marchait en avant. Celui-ci se prit à jurer et à tempêter contre son compagnon, l'accusant de lui arracher les cheveux. — Songez-vous en marchant ou si c'est que vous dormez, dit le second voleur. — Comment voulez-vous que je vous tire par les cheveux, quand j'ai les deux mains occupées à soutenir le coffre?

Malgré cette raison, le premier voleur changea de place avec le second, que Tiel à son tour empoigna par les crins, lui faisant la même niche. Finis donc tes malices, dit celui-ci, tu m'accusais méchamment, et c'est toi qui m'arraches la tête quand je m'échine à faire ce que tu veux.

Le malin farceur répéta encore le même manège, vivement réjoui des imprécations et des injures que se lançaient les voleurs; à la fin, ils posèrent leur coffre à terre et se mirent à se gourmer. Ulespiègle profita de la bagarre pour s'échapper sans être vu, et il rentra paisiblement à son gîte.

Il entre au service du curé de Bæsrode et il s'en fait chasser après mille espiègleries.

Ulespiègle, quelque temps après, ayant aussi perdu sa mère, s'en alla de Koolkerke, où il avait peu d'amis, et, traversant presque toute la Flandre, il ne s'arrêta qu'à Bæsrode, sur l'Escaut, tout près de Termonde. Il n'avait trouvé à se placer ni dans cette ville, ni à Gand, ni à Bruges. Il se présenta au curé de Baesrode, offrant de faire ses commissions et de le servir en toutes choses, et ne demandant pour salaire que la nourriture. Le curé, qui justement alors avait besoin d'un aide pour sa vieille servante, voyant un jeune garçon si peu exigeant, avec une mine alerte et dégourdie, le prit volontiers à son service et lui dit en l'arrêtant: Mon fils, si vous vous conduisez bien, vous mangerez le même dîner que nous, et vous n'aurez à faire que demi-besogne. Ulespiègle remercia le bon curé et entra aussitôt en fonctions.

Comme il y avait deux poulets à rôtir pour le dîner, la servante mit son nouvel aide à la broche, lui recommandant de la tourner avec attention et d'arroser à point les deux poulets. Or, cette pauvre servante, qui était une bonne fille de Gend-hof, petit lieu voisin, n'avait qu'un œil, et sa figure était tellement refrognée, que le penchant d'Ulespiègle à la malice se réveilla devant la pensée de lui jouer quelques tours. Lorsque les poulets furent rôtis, il en détacha un, et le mangea à la hâte. L'heure du dîner étant venue, la gouvernante arriva, munie d'un plat d'étain bien luisant; et voyant qu'il n'y avait plus qu'un poulet, elle demanda ce qu'était devenu le second; Ulespiègle répondit tranquillement : Ouvrez l'autre œil, et vous verrez davantage. La servante, courroucée, se rendit aussitôt auprès de son maître :

— L'insolent que vous avez pris chez vous, dit-elle, se moque de moi, et me reproche de n'avoir qu'un œil, parce que je ne trouve plus qu'un des deux poulets que j'ai donnés à rôtir.

Le mauvais plaisant fut appelé : — Pourquoi, demanda le curé, vous moquez-vous de ma servante ? et qu'avez-vous fait de l'autre poulet ? — Maître, répliqua le gaillard, d'un air simple et naïf, je lui ai dit seulement que si elle pouvait ouvrir son autre œil, elle verrait mieux ; et quant au poulet, je l'ai mangé, vu qu'en me prenant à votre service, vous m'avez dit que j'aurais le même dîner que vous.

Le curé, qui était bon homme, se mit à rire joyeusement : il ne m'en chaut pour un poulet, dit-il, mais faites ce que vous dira ma servante ; — et après s'être mieux expliqué, il exhorta son jeune serviteur à être obéissant envers la fille, et lui fit promettre de bien faire à l'avenir.

Mais le lendemain et les jours suivants, Ulespiègle, chaque fois qu'une chose lui était ordonnée, n'en faisait jamais qu'une partie. Lui commandait-on d'aller puiser un seau d'eau, il ne l'emplissait qu'à moitié. Fallait-il donner deux picotins d'avoine au cheval, il n'en donnait qu'un, et ainsi des autres commissions. Nouvelles plaintes sont faites ; et le curé appelant de rechef son jeune domestique ; que signifie votre mauvaise volónté, lui dit-il? et pourquoi ne faites-vous qu'à moitié les choses qu'on vous prescrit?

— Pardon, maître, dit Ulespiègle, en se composant une mine ingénue, mais j'ai cru vous obéir fidèlement. Ne m'avez-vous pas dit que je ne ferais ici que demi-besogne?

Le curé, assez confiant pour ne voir en tout cela que simplicité naturelle, aurait volontiers pardonné encore, mais la vieille servante irritée menaçait de s'en aller, si on ne renvoyait pas Ulespiègle ; force lui fut donc de sortir ; toutefois, le clerc du village étant mort depuis peu de jours, le curé lui procura cette place, qui était vacante, en l'invitant paternellement à être désormais plus circonspect.

Vengeance comique qu'il exerce sur la vieille servante du curé de Baesrode, qui l'avait fait renvoyer du presbytère.

Ulespiègle, quoiqu'il n'eut guère perdu au change, car la place de clerc était passable, se promit bien néanmoins de prendre sa revanche, non pas envers le curé, dont la bonhomie avait gagné son affection, mais envers la vieille servante.

Or, à quelque temps de là, le jour de Pâques étant proche, notre bon curé se prépara, selon l'usage, à faire représenter un petit mystère à l'occasion de la fête. Le sujet qu'il choisit fut la résurrection de notre Seigneur. Les personnages devaient apprendre par cœur d'assez longs dialogues. Comme très-peu d'entre les paroissiens savaient lire, la gouvernante fut chargée du rôle de l'ange, auquel est confié la garde du tombeau de notre Seigneur ; Tiel et deux autres jeunes garçons assez dégourdis devaient faire les trois Maries ; le curé, une bannière à la main, allait lui-même figurer le Sauveur. C'était la coutume de donner en ce temps-là de tels spectacles dans les églises ; les petits abus qui s'y glissaient les ont depuis fait interdire.

Tous les arrangements étant pris et le jour venu, les trois Maries, en costume convenable, s'avancèrent devant le tombeau. La gouvernante, qui faisait l'ange, se leva avec ses ailes déployées, et leur demanda : — Qui cherchez-vous? les deux compagnons d'Ulespiègle, simulant des voix de femmes sous leurs coiffes, répondirent, ainsi que le malin clerc le leur avait méchamment enseigné : — Nous cherchons une vieille servante de curé, laquelle est borgne.

Les éclats de rire de tous les assistants accueillirent cette réplique ; la servante, exaspérée de se voir ainsi l'objet de la risée publique, s'élança du tombeau et alongea sur le nez d'Ulespiègle un coup de poing, qui certainement lui eût boursouflé les deux yeux s'il ne l'eut esquivé. Par malheur, il atteignit une autre des Maries, qui s'empressa de le rendre. Les parties se prenaient aux cheveux, quand la mère du jeune gaillard qui avait reçu le coup de poing accourut à son secours, et tomba sur la servante. Le curé, jetant sa bannière, fut obligé de venir mettre le holà ; et ce ne fut qu'au moyen de l'intervention des voisins qu'il parvint à séparer les combattants. Mais le mystère fut manqué, car Ulespiègle, voyant la bagarre bien engagée, avait disparu ; et on apprit dans la journée qu'il avait quitté le village, emportant même, selon quelques récits, les deux ailes de la servante, qui étaient tombées pendant la bataille.

Il annonce qu'il volera dans les airs; il vole en effet, mais c'est l'argent des spectateurs qu'il avait réunis.

Le soir même, Ulespiègle arriva à Malines; il se logea à une auberge qui portait l'enseigne de la Grue; comme il était sans argent, il s'annonça pour un homme extraordinaire; et le lendemain matin, il fit crier par toute la ville qu'il monterait sur le toit des écuries de ladite auberge, lesquelles donnaient par devant sur une cour spacieuse, et par derrière sur une petite ruelle; que de là il s'envolerait comme un oiseau, ferait en l'air trois

tours à tire d'ailes et descendrait tout doucement au milieu de la grande place. Les curieux qui voulaient être témoins de ce tour
merveilleux, devaient payer une petite pièce
de monnaie. Quand cette nouvelle fut répan-
due, la cour de l'auberge ne se trouva plus
assez grande pour contenir la multitude; car
toute la ville voulait voir une chose si extraordinaire.

Le soir venu, Ulespiègle ayant mis en poche l'argent fourni par les spectateurs, monta
au moyen d'une échelle, sur le toit assez éle-
vé des écuries; quelques-uns disent qu'il
avait attaché à ses épaules les ailes de Baesrode, et qu'il les remua vivement avec ses
bras, comme pour se disposer à s'envoler.
Mais on conteste généralement cette circonstance; quoi qu'il en soit, la foule re-
gardait attentivement; après qu'il eût fait
trois fois la mine de s'élancer, Ulespiègle se
mit à dire: — Mes bons amis, je ne croyais
pas qu'il y eût dans votre ville de plus grands
fous que moi; mais je m'aperçois qu'elle en
est pleine; car vous m'auriez tous assuré que
vous alliez vous envoler, que je ne l'aurais
pas cru, et voilà que vous croyez tous que
je vais faire une chose impossible.

Pendant le violent tumulte que souleva
cette harangue, Ulespiègle, se laissant couler
par une corde à nœuds, qu'il avait préparée
là, tomba dans la petite ruelle et disparut.

Il tamise la farine de son maître et en fait tomber la fleur dans le jardin, parce qu'il a reçu l'ordre de faire ce travail au clair de la lune.

Ulespiègle gagna Louvain, et se mit au service d'un boulanger. Son air simple et niais le recommanda d'abord, et ensuite couvrit ses premières farces.

Un soir, son maître lui commanda de s'en aller tamiser la farine; et, comme pour voir à sa besogne il demandait une lampe, le boulanger ajouta : Je n'ai pas coutume de donner des lampes à mes garçons, qui pourraient mettre le feu au logis : c'est parce qu'il est pleine lune aujourd'hui que je vous donne telle besogne le soir, allez donc et tamisez au clair de la lune.

— C'est bien, dit Ulespiègle.

Il monta à l'étage où était la farine, pendant que son maître allait se coucher, il prit le sas ou tamis, le remplit, et ouvrant la croisée, il se mit à tamiser par la fenêtre, de manière que la farine tombait dans le jardin, où la lune brillait de tout son éclat, ce qui produisait un effet très-beau de fine neige.

Le lendemain de grand matin, quand le boulanger se fut levé pour faire son pain et qu'il vit toute sa farine à terre : — Qu'est-ce que cela, dit-il, et il appela Ulespiègle, qui s'était couché fort tranquillement :

— Qu'avez-vous fait, cria-t-il en colère ? Vous avez jeté ma farine par la croisée.

— Maître répondit l'autre d'un ton ingénu, j'ai fait comme vous avez dit : j'ai tamisé au clair de la lune.

Le boulanger, s'échauffant de plus en plus, répliqua par des jurons et des injures ; il se démenait, hurlant : — Voilà ma farine perdue !

— Non, non, maître, riposta doucement le drôle, je vais, si vous le voulez, l'aller laver à la rivière, et elle servira très-bien.

— Va-t'en au gibet ! cria le boulanger et cherche ce que tu trouveras.

Sans répondre un mot, Ulespiègle s'en alla sous le gibet ; il en rapporta quelques os d'un vieux pendu, qu'il jeta devant son maître ; — Je n'ai trouvé que cela, dit-il, en voulez-vous faire de la farine ?

Convaincu qu'il avait à faire à un imbécile, le boulanger mit Ulespiègle à la porte.

Il se présenta chez un autre boulanger, demandant du service et se disant habile mitron. Le maître, qui par hasard en ce moment avait besoin d'un garçon, le prit aussitôt. C'était un homme de bonne humeur. Voyant Ulespiègle assez éveillé, il prit confiance en lui.

Au bout de huit jours, un soir qu'il y avait fête dans la ville, le bourgeois qui voulait s'aller divertir, dit à son garçon : Voilà la pâte faite, je sors, tu la feras cuire.

Ulespiègle savait bien qu'avec cette pâte, il fallait faire des pains et des gâteaux, mais comme il était mécontent, parce qu'il eût voulu sortir aussi, il demanda : Que ferais-je de cette pâte ? — Le boulanger goguenard s'écria : — La belle question ! tu en feras des hiboux et des chats marins.

Ulespiègle ne demandait pas mieux que ce prétexte de quelque malice ; il ne répliqua rien ; dès qu'il se trouva seul au pétrin, il modela sa pâte en hiboux et en chats marins et mit au four.

Le lendemain matin, le maître, voyant ces singuliers pains et ces gâteaux de nouvelle forme, prit à la gorge son mitron, et lui dit : — Coquin, tu m'as perdu ma pâte, tu vas me la payer. Ulespiègle, à qui il restait un peu d'argent répondit : — Mais si je paie la pâte, la marchandise sera à moi.

Ces paroles calmèrent le boulanger, le garçon paya la pâte, et prenant son congé, il emporta les pains dans de grands paniers.

Il savait que les Louvanistes ont toujours été curieux de choses nouvelles ; et comme c'était la veille de saint Nicolas, il se mit donc à étaler ses pains et ses gâteaux de nouvelle forme devant l'église où l'on révérait ce saint patron des jeunes garçons, et il vendit tout avec si grand profit, que le boulanger l'ayant appris, accourut pour en avoir sa part ; mais Ulespiègle étant dans son droit, se contenta de lui promettre sa pratique pour le lendemain.

Il entre chez un forgeron où il continue ses malices.

Mais il quitta la ville et s'enfuit à Tirle-mont ; embarrassé et curieux de connaître un peu les divers métiers , il se mit au service d'un forgeron. Celui-ci remarqua bientôt que son nouvel apprenti mettait beaucoup de paresse et de nonchalance à faire agir le soufflet, ce qui ralentissait le travail.

— Garçon , lui dit-il , vous n'allez pas bien ; vous devez me suivre avec le soufflet.

Un moment après , le forgeron , pressé par un certain besoin , se rendit à la cour. Ulespiègle , ayant détaché le soufflet de la forge, le suivit par derrière. Le maître se retournant fut tout surpris : — Que faites-vous là , dit-il?

— Ce que vous m'avez recommandé , je vous suis avec le soufflet.

C'était un des plaisirs d'Ulespiègle , de prendre ainsi tout à la lettre.

Le forgeron s'expliqua mieux ; mais il se promit en secret de donner à son garçon un peu plus d'activité On était dans l'hiver, au lieu donc de se lever à quatre heures du matin , selon l'habitude , le forgeron se leva à minuit , fit lever Ulespiègle et se mit à l'ouvrage.

Ces manières ne convenaient guère au forceur, qui demanda pourquoi on l'éveillait si matin ? parce que j'aime assez, répondit le bourgeois, que dans le commencement mes garçons ne dorment que demi-nuit, afin d'éprouver leur vigilance.

Ulespiègle ne répondit mot ; mais le lendemain, quand on l'eût pareillement appelé à minuit, il attacha son matelas sur son dos, et alla ainsi se mettre à la besogne. Les forgerons travaillent la nuit sans lumière, se trouvant assez éclairés pour l'ouvrage qu'ils font, par le feu de la forge. Le maître ne s'aperçut donc pas d'abord de ce qu'avait fait Ulespiègle ; mais quand le fer rouge battu eût fait jaillir quelques gerbes d'étincelles, il en tomba sur le matelas ; et l'odeur du roussi fit bientôt découvrir la laine qui brûlait.

Est-tu fou ou enragé, s'écria le forgeron, de brûler ainsi mon matelas ?

— C'est ma coutume, répondit froidement Tiel, lorsque je n'ai couché que la moitié de la nuit sur mon lit, de faire coucher mon lit sur moi pendant l'autre moitié.

Le bourgeois de Tirlemont ne voulut pas garder plus longtemps un garçon qui avait de si singulières idées.

Le comte d'Héverlé le prend à son service ;
il a bientôt lieu de s'en repentir.

Ulespiègle partit donc, et il alla demander du service au comte d'Héverlé. Ce comte habitait un château fortifié ; il était en guerre avec deux de ses voisins, et il avait dans son manoir une petite armée de cavaliers et de fantassins, toujours prêts à se mettre en course. Voyant dans le jeune flamand un garçon assez leste, il le retint et lui donna les fonctions de guetteur.

Pour cela, on le logea dans une tour au-dessus de la grande porte crénelée ; on lui donna un cornet et on lui recommanda d'observer ce qui se passait dans la campagne et de corner dès qu'il verrait l'ennemi.

Ulespiègle était disposé à faire de son mieux ; par malheur, comme il était nouveau-venu, on ne pensa pas à lui, et on oublia de lui porter son dîner.

Deux heures après, une bande d'ennemis parut ; ils se jetèrent sur une métairie qui dépendait du château et en emmenèrent les bœufs. Ulespiègle voyait tout de sa lucarne ; mais il ne sonna mot. Un bon homme, qui s'était échappé, vint prévenir le comte, qui appela Ulespiègle et lui demanda pourquoi il n'avait pas corné. — Monseigneur, répondit le malin, avec un air doucereux, on avait oublié de m'apporter mon dîner ; et quand j'ai le ventre creux je n'ai plus de voix.

Le comte, sans en entendre davantage et sans faire attention à la détresse de son guetteur, le fit reconduire à son poste, en lui recommandant de mieux agir ; puis il monta à cheval et partit avec ses gens à la poursuite de l'ennemi. Il eut le bonheur de reprendre tout ce qu'on venait de lui voler, et il enleva encore à la bande en déroute des jambons, des volailles et d'autres provisions qu'elle avait maraudées ailleurs.

Il rentra triomphant dans sa forteresse, ordonnant qu'on préparât du butin conquis un bon souper pour sa troupe.

A la chute du jour, tout le monde se mit à table ; et on oublia encore Ulespiègle. Son estomac se révolta ; il entendait les cris de joie de la troupe en liesse, le bruit des plats et des brocs ; l'odeur des ragoûts venait même jusqu'à lui ; il saisit aussitôt son cornet et sonna vivement l'alarme.

Le comte se leva sur-le-champ, remonta à cheval et sortit avec tous ses gens à la recherche des assaillants ; mais il eut beau courir un quart de lieue et disperser ses cavaliers par tous les chemins, il s'en revint sans avoir rien découvert.

Ulespiègle, pendant ce temps-là, était descendu au galop ; il avait copieusement soupé, largement bu, et regagné sa tour dans une disposition beaucoup plus joyeuse.

Le comte lui demanda s'il s'était effrayé de son ombre. — Monseigneur, dit-il, aux sons que j'ai poussés, l'ennemi a gagné le large, parce qu'il aura vu qu'on faisait bonne garde.

Néanmoins on ne lui laissa pas un poste qu'il remplissait si mal, ne cornant pas quand l'ennemi venait et cornant quand il ne venait point; on le remplaça par un homme plus sûr; et pour lui, on l'enrégimenta dans les fantassins armés. Ce n'était pas trop son affaire; à toutes les sorties on remarquait bien qu'il était le dernier au partir et le premier au retour. Le comte lui en fit encore des reproches.

— Monseigneur, dit-il, j'ai le cœur singulièrement fait; je n'ai de courage qu'en raison de ce que je mange; si vous voulez que j'aille le premier aux rencontres et que j'en revienne le dernier, ordonnez que pendant huit jours on me fasse mettre le premier à table et que j'en sorte le dernier.

Il espérait, pendant ce temps, trouver l'occasion bonne pour gagner au large. Mais le comte lui épargna tant de soins, en le mettant à la porte.

Il rend un médecin victime d'une adroite mystification.

D'Héverlé, Ulespiègle s'en fut à Liége, où il fit d'abord de si plaisantes choses, que le prince évêque voulut le voir et que toute la cour le prit en amitié.

Un seul homme lui faisait froide mine; c'était le médecin du prince, grave docteur qui

riait peu , et que les courtisans n'aimaient
guère à cause de son humeur bourrue ; il se
montrait plus que jamais acerbe , depuis l'arrivée d'Ulespiègle. — N'est-ce pas pitié , disait-il , de voir un fou en faveur. On n'en
peut conclure autre chose , sinon la vérité du
vieux proverbe : qui se ressemble s'assemble.
Les courtisans disaient que le docteur portait
envie aux joyeusetés qui empêchent et re-
poussent la maladie , comme à choses qui lui
faisaient tort ; d'autres ajoutaient qu'un fou à
la cour n'était pas plus déplacé qu'un médecin.

Comme on vantait aussi la finesse d'Ulespiègle et ses bons tours où plusieurs étaient
pris , le même docteur , se moquant , pré-
tendaient que les niais seuls pouvaient être
dupes , et que ce ne serait jamais un homme
sensé comme lui qui serait attrappé.

Ulespiègle , instruit de ses propos , résolut
d'en tirer une petite vengeance et de donner
une leçon au docteur , avec l'aide de quelques gentilshommes Liégeois qui consentirent
gaîment à être ses compères , car ils avaient
tous une dent contre le médecin.

Pour cela , le farceur cessa de rire et se tint
calme pendant quinze jours : tout le monde
s'en étonnait. Comme on lui en demandait la
cause : — Il y a temps pour rire , dit-il gravement , et temps pour résonner ; je suis occupé
de cures qui exigent attention. On sut qu'il

traitait trois gentilshommes retenus malades par une constipation obstinée ; il les guérit d'autant plus parfaitement, que leur prétendue maladie était feinte. Le docteur sachant cela, lui qui était désolé d'une vieille constipation dure et sèche, laquelle plusieurs fois avait duré vingt jours, rebelle à tout soulagement, se mit à réfléchir. — Mais, dit-il, si ce fou avait un bon remède, il y aurait double profit à lui en souffler le secret, pour moi, d'abord, et ensuite pour ma science.

Il s'arrangea donc de manière à le rencontrer, lui montra meilleur visage, et s'adoucissant jusqu'à le saluer : — Il paraît, maître, lui dit-il, que vous empiétez sur nos fonctions.

— Docteur, répliqua Ulespiègle, je ne me permets rien, sinon les cures que vous ne pouvez pas faire vous-même.

— Très bien répondu, dit le médecin, en faisant de son mieux bonne mine, mais si vous avez le talent qu'on vous accorde, il serait possible que moi-même je me misse en vos mains.

C'est trop d'honneur pour moi, riposta le malin, je crains toutefois que ma manière de procéder ne soit pas approuvée de vous, malgré ses résultats infaillibles.

— Nous essaierons cependant, si vous voulez, dit le docteur, car toute ma pratique échoue contre un mal rebelle.

— Je vous guérirai, docteur, s'écria Ulespiègle, mais à condition que vous avouerez
quand vous serez délivré, que la constipation
rend maussade, que les gens constipés sont
aigres et grondeurs, et que tout homme de-
vient jovial, quand il s'est déchargé des mauvaises matières, lesquelles n'envoient au cer-
veau que tristes vapeurs.

— J'en conviendrai, dit le médecin et je
suis prêt à plier à tout.

— Ce soir donc, j'irai chez vous.

Le soir venu, Ulespiègle, ayant prévenu
ses compères, se rendit à la maison du docteur ; il apportait avec lui son bonnet de nuit,
deux paquets bien enveloppés, et une petite
fiole passée dans sa ceinture.

— Couchez-vous, docteur, dit-il je vais
vous donner cette drogue, puis me mettre
auprès de vous pour vous faire transpirer et
suivre les progrès de la transpiration ; vous
pourrez observer ma méthode dont je ne vous
ferai pas mystère, car je n'exerce qu'en ama-
teur.

Le médecin crut d'abord que le jeune homme plaisantait, en lui proposant de coucher
avec lui ; mais il parlait d'un ton si sérieux
qu'il n'y avait pas d'objections à faire, et il
se mit au lit, disant en lui-même : Voyons
donc cette fameuse méthode. Il avala la fiole,
sur laquelle il fit une grimace épouvantable.

— C'est bien salé et bien fade à la fois !
Quelle est cette drogue ? demanda-t-il.

— Je vous en donnerai la recette demain matin, docteur, répondit Ulespiègle, en ôtant les enveloppes de ses paquets. Le premier, qu'il ne montra pas au docteur, mais qu'il posa doucement dans la ruelle du lit, était un grand pot de chambre rempli de matières fécales toutes fraîches, ramassées au carrefour voisin; l'autre, qu'il dissimula pareillement, était un soufflet. Il éteignit la lampe et se mit au lit, plaçant le soufflet derrière lui, de manière, cependant, que le tuyau se dirigeât du côté où se trouvait le docteur.

L'odorat du malade fut bientôt affecté de ce qui s'exhalait de la ruelle du lit; il se retourna vers son compagnon, qui lui lâcha sur-le-champ, de son soufflet, une bordée d'air froid comme glace. Ce début fut le programme de ce qui devait durer toute la nuit.

Le docteur ne cessait de se retourner, tantôt d'un côté, tantôt de l'autre, ne sachant trop laquelle des deux incommodités était la plus insupportable. Il ne savait que penser de tout cela et ne transpirait guère, lorsque, la drogue faisant son effet, des tranchées très-aiguës vinrent exciter les lamentations du patient.

—Monsieur, dit Ulespiègle, ne vous sentez-vous pas bien, il semble que la déconstipation commence, car il y a ici une odeur détestable.

— Je le sens aussi bien que vous , répliqua dolemment le docteur ; et je ne sais d'où
cette odeur peut naître , car rien ne vient.

— Patience un moment ; l'odeur vient de
votre transpiration ; tenez-vous coi et continuez de transpirer.

— Et comment voulez-vous que je transpi-
re ? Vos vents sont à la glace.

— Vous vous faites illusion , docteur ; vous
transpirez parfaitement et même votre transpiration annonce , par ses émanations , une
évacuation qui ne peut tarder.

Le jour enfin parut ; et heurtant à la porte,
six des seigneurs de la cour furent introduits.
Ulespiègle , hâtivement habillé , les salua
d'un air magistral.

— Eh bien ! docteur , dit l'un des gen-
tilhommes , êtes-vous satisfait ?

— Je suis fort malade , répliqua le médecin d'une voix faible ; et voyant un sourire
malicieux sur les lèvres des visiteurs , je crois
que je suis joué , reprit-il.

— Comment , messieurs , dit Ulespiègle ,
l'odeur qui se sent ici ne vous annonce-t-elle
pas un résultat?

Ce disant , il tira de la ruelle le pot de
chambre tout plein de ce que nous avons dit.
Voyant cela , le médecin pensa tomber en
convulsion ; mais comme les rieurs n'étaient
pas de son côté , il se décida à feindre d'en
rire et ne se prononça plus contre les fous.

Il s'empare du cochon d'un de ses voisins, après lui avoir conseillé de le pendre la nuit à sa porte, afin d'éviter les présents d'usage, lorsque l'on tue un porc.

Ulespiègle, à Liège, avait un voisin fort chiche. Cet homme, ayant tué son cochon, lui dit : — Ce qui m'attriste, c'est qu'ayant reçu de toutes ces bonnes gens d'alentour un morceau de porc frais, lorsqu'ils ont tué aussi leurs cochons, je leur dois aujourd'hui la même offrande ; la moitié de la bête va y passer. Vous qui avez l'esprit inventif, vous m'obligeriez en me donnant là-dessus un bon conseil.

— Rien n'est plus facile, dit Ulespiègle ; laissez votre cochon pendu à votre porte jusqu'à minuit ; vous vous lèverez alors ; vous le rentrerez sans qu'on vous voie ; et vous direz demain matin qu'on vous l'a volé.

Le voisin trouva l'avis excellent et le mit en pratique.

Mais à minuit, lorsqu'il s'en vint à petit bruit pour décrocher son cochon, il ne le trouva plus.

C'était Ulespiègle qui l'avait discrètement enlevé, avec l'intention d'en faire son profit. Le pauvre homme s'agita, se désola et chercha jusqu'au jour ; mais du cochon nul vestige.

Il alla heurter à la porte d'Ulespiègle,

et lui dit : — Voisin, on m'a volé mon cochon.

— C'est cela, répondit l'autre ; dites ainsi à tout le monde.

— Mais vous ne comprenez pas, ce n'est point finesse comme je voulais ; on me l'a réellement dérobé.

— A merveille, voisin, continuez de la sorte, vous persuaderez tout le monde.

Le voisin eut beau dire et se fâcher, il n'en sut tirer autre chose ; et le pis fut qu'Ulespiègle, ayant divulgué l'avis qu'il avait donné, le bonhomme passa pour un mauvais avare qui inventait une fable.

Il est banni du pays de Liège ; il se sert du moyen employé par le duc de Roquelaure pour y rentrer.

Le prince de Liège néanmoins se fâcha, on ne sait pourquoi, contre Ulespiègle ; et il le bannit de ses états, lui faisant formelles défenses de remettre le pied sur les terres de Liège.

Force fut à Ulespiègle de déguerpir ; mais comme il avait à recouvrer quelques créances sur certains gentilshommes, il revint au bout d'un mois et fit son entrée à Liège, assis dans une étroite charrette que traînait joyeusement un petit cheval des Ardennes.

D'aventure, il fut rencontré par le médecin, qui s'empressa de l'aller dénoncer à monseigneur. Le prince mécontent envoya aucuns de ses archers, avec ordre d'amener le contrevenant en son équipage.

— Qui t'a permis, dit le prince-évêque en voyant Ulespiègle, de rompre ton ban, et de rentrer en nos terres?

— Je n'ai point rompu mon ban, repartit Ulespiègle, et je n'ai pas le pied sur les terres de Liège, mais bien sur celles de monseigneur le prince électeur de Cologne. Il fit voir en même temps que sa petite charrette se trouvait garnie de terre apportée de Cologne.

L'évêque de Liège ne put s'empêcher de rire en sa barbe.

— Nous verrons, dit-il, ce qui adviendra.

Et il ordonna secrètement à un de ses hommes de suivre la charrette et d'appréhender au corps le malin drôle, s'il mettait le pied sur les terres de la principauté.

Ulespiègle, s'étant dirigé vers une maison de belle apparence, demanda à parler au maître du logis, qui lui fit dire d'entrer. Il descendit donc, ayant à toucher trente florins. Incontinent, l'homme de l'évêque, qu'il ne remarquait pas à sa suite, l'ayant happé au collet : — Ah ! maintenant, s'écria-t-il, vous êtes sur les terres de monseigneur ; vous m'allez suivre en sa prison.

— Pas encore, répliqua le farceur, je suis sur les terres de Cologne ; et, entrebaillant ses souliers, il fit voir qu'ils étaient pleins de terre et de gazon, qu'ainsi il avait le pied sur la terre étrangère.

Et pendant que ledit homme allait à ce sujet consulter son seigneur, Ulespiègle toucha ses florins et partit.

Avantage qu'il tire d'un mauvais chapeau dont la misère le forçait de se contenter.

Ulespiègle, à Cologne, tomba bientôt dans une si grande détresse, qu'il ne possédait plus que quatre florins; il avait pour coiffure un petit chapeau de forme triangulaire dont tout le monde se moquait; il résolut de s'en faire une ressource.

Ayant dressé son plan, il vint trouver deux officiers goguenards, qu'il savait pour le quart d'heure munis d'argent. — Vous raillez mon bonnet à pointes, leur dit-il; je veux vous réconcilier avec lui, en vous faisant voir confidentiellement à quoi il me sert. En conséquence, je vous invite à dîner aujourd'hui.

Les deux officiers, qui étaient avares, ne se firent pas prier et sortirent avec Ulespiègle.

Comme ils passaient devant la meilleure auberge de la ville, Ulespiègle se mit à dire, avec un air tout indifférent : — Or ça, où dînons-nous ?

— Mais, répliquèrent les deux officiers, en montrant du doigt la grande auberge, dînons là, si vous avez la bourse garnie.

— Oh ! ce point ne m'inquiète pas, reprit le malin ; entrons, si c'est votre avis.

Ulespiègle avait justement tendu là ses filets ; il avait donné ses quatres florins à l'hôtesse et fait avec elle ses conventions.

Les trois compères furent bientôt servis et dînèrent joyeusement. Quatre florins alors et dans cette ville payaient un large festin. Les deux officiers étaient étonnés de la générosité d'Ulespiègle, et surpris agréablement de le voir faire si grosse dépense ; leur admiration allait redoubler.

Ulespiègle appela l'hôtesse : — Combien avons-nous dépensé, dit-il ?

— Quatre florins, répliqua la bonne femme.

— Quatre florins, répéta le matois ; — et en disant cela, il mit son petit chapeau sur le pouce de la main droite, le fit tourner quatre fois en l'air, et reprit, en regardant fixement l'hôtesse : — Quatre florins ! n'est-ce pas cela ? êtes vous contente ?

— C'est bien cela, mon maître, grand merci.

— Vous ne demandez pas autre chose ?

— Rien de plus, et je me recommande ; bien à votre service.

La bonne femme se retira, mettant la main dans la poche de son tablier, où elle fit sonner des florins.

— Voilà qui est prodigieux, dirent les officiers.

— Vous voyez, mes braves, que ce petit chapeau n'est pas si ridicule. Aussi, avec le prix qu'on m'en a déjà offert vingt fois, j'aurais toque d'or.

— Mais pourtant, dit l'un des convives, tout à fait séduit, si on vous en donnait une belle somme, ne le céderiez-vous pas ! Ce talisman conviendrait merveilleusement à de pauvres officiers comme nous ; avec cela nous aurions sûreté de ne jamais mourir de faim.

Bref, Ulespiègle, par amitié pour ces messieurs, se laissa enjôler ; il reçut quatre cents florins et livra son petit chapeau. L'acquéreur ravi voulut, dès le lendemain, en faire l'essai ; il se rendit à l'auberge, invita tous ses amis, les régala d'un superbe dîner, puis s'efforça de payer, en tournant le petit chapeau ; mais l'hôte avec qui, comme le farceur, il n'avait pas compté d'avance, ne comprit jamais le tour. Il fallut débourser des florins sonnants. Reconnaissant qu'il avait été joué, il courut à la recherche d'Ulespiègle, qui avait eu soin de partir.

Un prince électeur lui fournit l'occasion de
continuer ses filouteries.

Avec ses quatre cents florins, Ulespiègle, s'étant mis en bon équipage à Francfort, entra au service d'un prince électeur, dont il gagna la confiance. Ce prince avait un beau cheval, qui souvent perdait ses fers, soit qu'il eût la corne un peu tendre, soit que le maréchal qui le ferrait fût mal habile, soit que le cheval fît des pieds trop de mouvements, car les fers se cassaient, soit qu'ils fussent mal trempés, car ils s'usaient fort vite.

Reconnaissant dans Ulespiègle un homme de grande habileté, il lui dit : Toi qui sembles intelligent en tant de choses, prends mon cheval et me le fais ferrer autrement qu'on n'a fait jusqu'ici ; je ne veux plus de ces maréchaux, ni de ces fers qui se perdent si vite et dont les morceaux ne valent rien : je veux quelque chose de beau, d'extraordinaire et digne d'un prince.

Ulespiègle emmena le cheval, et s'adressant à un orfèvre, il fit faire quatre fers d'or, les fit attacher avec des clous d'argent et s'en revint dire au prince : Vous n'aurez ici aucun des inconvénients qui vous déplaisent. Le cheval, en effet, que le plaisant avait eu soin de bien repaître et qui se sentait plus douce chaussure, en paraissait tout joyeux. Sans y aviser, le prince le monta, fit une promenade et s'en revint satisfait. Mais le lendemain matin, quand l'orfèvre vint demander son paiement, qui étoit bien autre chose que les fers du maréchal, le prince appelant Ulespiègle lui demanda ce qu'il avait fait.

— Ce que vous ordonniez, répliqua-t-il ; vous ne vouliez plus de maréchaux ni de fers ;

dont les morceaux ne valent rien ; j'ai donné la besogne à un orfèvre.

— Ah ! vous faites le plaisant de la sorte, dit l'électeur, moitié figue et moitié raisin ; eh bien ! mon fils, c'est votre affaire et non la mienne, avisez à vous tirer de là ; pour moi je ne m'en mêle aucunement.

Ce disant, il ferma la porte ; et l'orfèvre, surpris un moment, voulut s'adresser à Ulespiègle, qui déjà avait gagné l'écurie, où, montant le beau cheval, sans que personne prît envie de le gêner, il partit de la ville.

— Puisque ce n'est plus son affaire, dit-il, et que c'est la mienne, nous nous en tirerons. Il s'en fut à la prochaine ville, vendit les fers d'or, qui le nourrirent un bout de temps; après quoi, se retrouvant au dépourvu, il changea son beau cheval contre une rosse et il alla à Wurtzbourg, où il fit savoir qu'il ferait voir une merveille: Un cheval qui avait la tête où il devait avoir la queue et la queue où il devait avoir la tête.

C'était foire et grande affluence de curieux ; plus de mille bourgeois et forains vinrent: il montra sa rosse attachée par la queue au râtelier.

Il gage qu'il donnera sur les fesses d'une marchande d'œufs qu'il rencontre, et qu'elle ne fera point de résistance: il gagne son pari.

Cette aventure ayant donné à Ulespiègle le

renom d'un joyeux compagnon, il se lia avec quelques jeunes gens de bonne humeur. Un jour qu'en leur société il voyait passer une grosse paysanne portant deux paniers, il fit le pari qu'il irait saluer cette femme, qu'il lui ferait mettre ses deux paniers à terre, qu'il lèverait ensuite sa cotte et lui donnerait une claque sur les fesses, sans qu'elle fît des bras ou des mains aucune résistance.

Le pari étant tenu, il s'approcha honnêtement de la villageoise, qui portait des œufs frais; il lui en marchanda un demi-cent; et lorsque le prix en fut convenu:

— Je veux, dit-il, les choisir moi-même; posez à terre vos deux paniers et ouvrez votre tablier où nous ferons le compte.

La bonne femme, étendant ses deux mains, ouvrit son tablier, et Ulespiègle y déposa cinquante œufs, les examinant l'un après l'autre en homme entendu; après quoi il demanda les quatre au cent. La paysanne ayant répliqué qu'il n'en avait pas été question: — C'est l'usage, reprit-il, et vous êtes de mauvaise foi.

Sur ce mot, levant la jupe de la bonne femme, que la crainte de casser ses œufs tenait immobile, il lui donna une claque sur les fesses, en ajoutant qu'il ne voulait plus de ses œufs, et s'en fut rejoindre ses compagnons, qui payèrent la gageure.

N'ayant plus le sou, il s'annonce comme médecin ; le hasard fait qu'il guérit un enfant, ce qui le met en réputation.

Dans toute occasion, Ulespiègle avait ses expédients qui le tiraient de peine. Se trouvant sans un denier, dans un gros village, comme il cheminait vers Prague, et sachant combien est grande la crédulité des bonnes gens pour les médecins qui ont l'air de venir de loin, il s'informa s'il n'y avait pas là quelque grave maladie à traiter, en ajoutant qu'il avait pris ses grades dans les plus célèbres universités de l'Allemagne et qu'il possédait de bons secrets. On lui ind que une veuve qui était en grand désespoir, à cause que son petit enfant, âgé de deux ans à peine, était constipé depuis trois jours et s'en allait mourir, si promptement on ne le soulageait.

Ulespiègle se présenta avec assurance chez la veuve, et demanda ce que souffrait l'enfant, en ajoutant qu'aucun mal ne pouvait lui résister.

— Hélas ! dit la mère affligée, si seulement il pouvait faire une selle il serait guéri.

— Et que me donnerez-vous quand il l'aura faite ? demanda gravement Ulespiègle.

— Dix florins d'argent, s'il le faut.

— C'est un prix convenable, apprêtez-les ; donnez-moi du son et du lait, et allez au jardin me chercher trois feuilles d'oseille.

Il fit boire à l'enfant quelques gorgées du lait dans lequel il avait délayé un peu de son; et pendant que la bonne femme courait au jardin, il défit hâtivement son haut de chausses, ôta le petit enfant de sa chaise, qui était percée au milieu et sous laquelle reposait un large pot de chambre en étain, fit une selle copieuse, remit l'enfant sur son siège et se trouva convenablement rajusté quand la veuve rentra.

— Je crois, dit-il, d'un air sérieux et posé, que l'enfant va mieux, et que le premier remède a déjà opéré, tant la dose était savamment combinée.

La figure de la mère se dilata; et flairant l'odeur très-marquée qui remplissait la chambre, elle sentit des larmes de joie rouler dans ses yeux.

— Serait-il possible, s'écria-t-elle.

— Voyez, reprit Ulespiègle, en soulevant avec gravité le petit enfant et découvrant à la tendresse maternelle l'énorme dépôt dont il avait garni le vase. La veuve, ne se tenant plus d'allégresse, embrassa son enfant, qui faisait d'atroces grimaces et courut à son armoire, d'où elle tira les dix florins.

Pour surcroît de bonheur, et à la gloire tout à fait inattendue de l'audacieux Ulespiègle, soit que la frayeur, l'odeur puante, le lait et le son combinés eussent fait tourner le cœur à l'enfant, soit que la nature fût venue enfin à son aide, le pauvre petit évacua en ce moment devant sa mère; et il fut sauvé, ce qui fit au médecin une grande renommée.

Il soutient adroitement une thèse devant un nombreux auditoire, contre les docteurs du pays.

Ulespiègle s'était rendu à Prague, sachant bien que la célèbre université établie dans cette ville lui fournirait de joyeux compagnons. Il se lia donc avec quelques étudiants, et même avec des professeurs, qu'il étonnait de ses réparties vives et spirituelles.

Un soir, sur la fin d'un souper, ayant été provoqué par plusieurs, il se vanta de soutenir une thèse publique, où il répondrait sans hésiter aux questions les plus difficiles, même à des questions jusque là réputées insolubles. Une souscription se fit, des paris s'ouvrirent ; une somme assez forte fut rassemblée; ce devait être sa récompense s'il triomphait. Le recteur et les premiers docteurs de l'université voulurent bien présider la thèse.

Peu de jours après, la séance publique, solennellement annoncée, fut ouverte. Une grande affluence de curieux et de savants se pressait, pour entendre un homme qui devait répondre à tout. Le recteur, qui était un vieillard original et malin, fut chargé unanimement de poser les questions.

— Vous allez voir, messieurs, dit-il, en jetant autour de lui un regard caustique, comme je vais du premier coup mettre cet homme hors des gonds.

Puis, élevant la voix aussitôt qu'on eut fait silence, et apostrophant Ulespiègle, qu'on avait exprès placé dans la chaire de la grande salle, il lui dit : — Maître, qui savez tout, vous pourrez nous dire, sans doute, combien il y a de muids d'eau en la mer?

— Quatre cent quatre-vingt millions sept cent trente mille deux cent cinquante-trois et neuf pintes, mesure de Cologne, répliqua Ulespiègle avec assurance; et si vous voulez bien arrêter tous les fleuves et toutes les rivières qui s'y jettent, nous mesurerons; je perds mon nom s'il s'en faut d'une chopine.

Des murmures d'étonnement accueillirent cette réponse.

Le recteur, s'étant un peu remis de sa surprise, crut se rattraper dans une autre question. Combien de jours se sont écoulés, demanda-t-il, depuis Adam jusqu'à l'heure présente?

—Sept, qui font honnêtement leur service et reviennent fidèlement toutes les semaines, à savoir : le lundi, le mardi, le mercredi, le jeudi, le vendredi, le samedi et le dimanche.

— Et combien de semaines? — Cinquante-deux, qui ne manquent pas de reparaître chaque année.

— Alors, combien d'années?

—Cinq mille deux cent quatre-vingt-neuf;

et je consens à porter le bât comme un âne, si quelqu'un au monde peut nous montrer un titre qui établisse que je me trompe.

— Voilà, dit le recteur, un habile compère. Mais patience ! Nous le tiendrons.

— Mon savant maître, reprit-il d'une voix éclatante, avec la science profonde qui brille en vous, j'espère que vous saurez aussi nous dire ce point, qui n'a jamais été fixé : Où est le milieu du monde ?

— Précisément où vous vous trouvez en cet instant, magnifique recteur, dit Ulespiègle ; faites mesurer dans tous les sens ; et s'il s'en faut d'un brin de paille, je me condamne.

Le recteur resta muet et décontenancé, jusqu'au moment où un professeur lui souffla cette nouvelle demande : — Quelle distance y a-t-il du ciel à la terre ?

— Une très-petite, dit Ulespiègle, puisqu'on nous y entend, lors même que nous parlons tout bas.

La foule éclata d'enthousiasme ; tout le monde fit fête à un homme que rien ne pouvait embarrasser ; on le reconduisit chez lui en triomphe ; on lui remit la somme qui devait récompenser sa victoire ; on lui dit galamment qu'il valait bien plus.

— Oh ! je vaux moins, répliqua-t-il ; je sais ce que je vaux.

— Combien donc vous estimez-vous ? dit encore le recteur, qui croyait se rattraper là ?

— Je m'estime vingt-neuf deniers ! dit Ulespiègle ; et vous voyez que c'est de l'orgueil, car notre Seigneur n'a été vendu que trente.

On applaudit de nouveau ; et l'intrépide garçon mena bonne vie à Prague.

Il se charge de faire l'éducation d'un âne, et de lui apprendre à lire et à raisonner ; le lecteur va voir comment il réussit.

Voyant qu'il réussissait dans Prague à faire le savant, Ulespiègle annonça que, si on voulait convenablement le payer, il entreprendrait l'éducation d'un âne, demandant dix ans pour le mettre en état de lire agréablement en société, de soutenir des thèses et de raisonner avec logique.

Le bon recteur, qui justement possédait un très-bel âne de quatre ans, accepta le marché, ne doutant plus de rien, à l'égard d'un homme qu'il avait reconnu si subtil. Il paya cent florins en avance et livra son âne.

— L'âne, dit gravement Ulespiègle, a déjà de sa nature une grande facilité à prononcer les voyelles. Il en articule deux merveilleusement I, A, quoiqu'il nasille un peu sur la seconde. Il ne s'agit que de lui donner le goût de la lecture.

Il mit l'âne dans une petite étable, et, s'étant procuré un vieux livre, il plaça entre les feuillets de parchemin des grains d'avoine.

L'animal, les ayant flairés, tournait les feuillets avec son nez, puis les balayait avec sa langue très-convenablement ; après quinze jours de cet exercice, Ulespiègle dit au recteur : — s'il vous plaît de venir visiter notre élève, vous reconnaîtrez qu'il se plaît déjà à étudier.

Le recteur vint. Le précepteur de l'âne ayant placé le livre devant l'écolier aux longues oreilles, celui-ci, habitué à y trouver un petit festin, se mit avec son museau à le feuilleter d'un air très-sérieux. Le bonhomme s'en retourna émerveillé.

On se demande ce que prétendait Ulespiègle de son essai ; mais il comptait qu'en dix ans l'âne ou le recteur seraient morts ; et c'est ce qui advint en la même année du savant homme.

Il se présente comme peintre au landgrave de Hesse qu'il jette dans la confusion.

Après quelque séjour à Prague, où Ulespiègle ne demeura pas longtemps, car il ne pouvait tenir en place, on prétend qu'il se mit au service du duc de Brunswick. On a là dessus peu de détails, mais bientôt nous le retrouvons au pays de Hesse où il entra, s'annonçant comme un grand peintre.

Il avait apporté avec lui quelques tableaux flamands qu'il avait achetés à un juif. Le landgrave qui avait du goût pour les arts, ayant fait venir l'artiste étranger et visité ses tableaux, dont il se disait l'auteur, se mit à l'admirer et lui demanda : — Maître, quel prix exigerez-vous pour décorer ma grande salle des portraits de tous mes aïeux !

— Seigneur, répondit Ulespiègle, je n'emploierai pas seulement pour ce beau travail l'art qui a produit les petits tableaux qui m'accompagnent ; je puis faire plus merveilleusement, au moyen de certains procédés dans lesquels il entre peut-être un peu de sorcellerie, mais qui m'ont été enseignés par le plus habile d'entre tous les peintres. Or, avec l'éclat dont je suppose que votre Altesse veut entourer sa famille et de la manière distinguée dont je conçois cet œuvre, le tout coûtera quatre cents florins d'or.

— Demandez ce qu'il faut et faites de votre mieux, répliqua le landgrave, je ne regarderai point au salaire, et mon trésorier va vous compter en avance cent florins pour vous mettre en veine.

Ulespiègle se chargea donc de faire tous les portraits ; il reçut en avance les cent florins d'or, disant qu'il les allait employer à acheter des toiles et des couleurs ; puis il demanda que personne ne vint le troubler dans son travail, ce qui lui fut accordé.

Le temps marcha. Ulespiègle, se sentant la bourse garnie, passait les jours et les nuits à jouer au cabaret, avec des amis comme il en

faisait partout. Pour surcroît de bonheur, le
bruit qui se répandit que le prince l'avait chargé de travaux importants lui fit vendre chère-
ment les tableaux qu'il avait apportés. Tout
allait bien, lorsqu'au bout de trois mois, le
landgrave, un jour, le fit prévenir qu'il irait le
lendemain voir où il en était.

Ulespiègle, qui n'avait pas commencé et
qui eut eu grande peine à tenir un pinceau, fit
pourtant bonne contenance ; et quand le prince arriva dans son atelier, qui ne contenait
rien qu'un grand drap blanc étendu sur la toile
préparée, il lui dit :

— Je dois avertir votre Altesse d'une parti-
cularité ; monseigneur, je vous ai dit qu'il y
avait dans mon art un peu de magie. Ceux
donc qui ne sont pas nés de légitime mariage
ne peuvent rien voir de ce que j'ai peint.

— Ce serait là une chose étrange, dit le
prince. Voyons donc.

Ulespiègle tira le drap blanc qui couvrait la
toile encadrée, et désignant de sa baguette
les points où il supposait des portraits, il dit
effrontément :

— Seigneur, ce portrait est celui du premier landgrave de Hesse ; ensuite vient Adol-
phe, de celui-là descendit Guillaume le Noir
que vous voyez là ; de Guillaume le Noir, na-
quit Louis.

Et ainsi il énuméra tous les landgraves jusqu'au prince régnant. Il ajouta :

— Les soins minutieux que j'ai mis à cet ouvrage me persuadent que personne n'osera le blâmer en rien.

Le landgrave était consterné. Quoiqu'il ne vit absolument rien, le ton sérieux d'Ulespiègle lui en imposait tellement, qu'il pensa en lui-même : Suis-je donc le fils d'une malheureuse ? ou m'aurait-on changé en nourrice ? car je ne vois autre chose que la toile disposée pour la peinture.

Il n'osa toutefois faire paraître les émotions qui l'agitaient, il se borna à dire qu'il ne se fiait pas assez à son propre jugement pour se prononcer sur un tel ouvrage, et sortit tout-absorbé.

Ulespiègle songea de son côté qu'il ne fallait pas s'endormir sur un succès d'audace ; il courut chez l'intendant du prince, demanda et obtint une seconde avance de cent florins d'or, et s'en revint faire ses préparatils de départ.

Comme il se livrait assez activement à ce soin, le landgrave, qui avait tout conté à sa femme, la trouvant moins crédule que lui, l'amena à l'atelier, avec plusieurs autres dames et une petite fille qu'il avait.

Le drôle ne se déconcerta point encore et répéta hardiment devant la noble assemblée, la comédie qu'il avait osé jouer devant le landgrave seul. Son ton était si ferme que toutes les dames se taisaient ; la petite fille seule, s'écria qu'elle ne voyait rien.

Alors la femme du landgrave, rougissant de la maligne application qu'on pouvait faire à sa fille, dit qu'il y avait de la tromperie et qu'elle prétendait revenir un peu plus tard avec ses gentilshommes et toute sa cour. Ulespiègle ne jugea pas à propos d'attendre une société si honorable ; il décampa ; et comme les rieurs pouvaient encore être de son côté, le bon landgrave imposa silence sur cette aventure.

Il lutte par ses tours ingénieux avec le fou du roi Casimir.

Ayant appris que Casimir, roi de Pologne, avait un fou remarquable par ses reparties et par ses tours ingénieux, Ulespiègle fut curieux de se mesurer avec lui ; il partit donc pour la Pologne.

Dès qu'il fut arrivé dans la capitale, il fit répandre le bruit qu'il venait d'une cour lointaine et qu'il était passé maître en bonnes malices de toute espèce. Les rois, en ce temps-là, s'ennuyaient assez souvent. Casimir, curieux de se divertir avec les seigneurs de sa cour, fit venir Ulespiègle, dont on lui racontait quelques mots plaisants.

— Tu va lutter d'habileté avec mon fou, lui dit-il ; et si l'un de vous deux fait quelque chose d'original que l'autre ne puisse faire, je lui donnerai un habit neuf et vingt ducats.

La récompense était engageante ; aussi les

deux plaisants commencèrent-ils à déployer leur adresse, aux grands éclats de rire des spectateurs; mais, par malheur pour Ulespiègle, il avait beau s'efforcer d'imaginer quelque drôlerie, en actions ou en paroles, il était toujours surpassé ou du moins égalé par le fou du roi, qui était un bouffon très-délié.

— Un habit neuf et vingt ducats, se disait-il sans cesse! l'occasion m'échappera-t-elle?

Il lui vint tout à coup une idée subtile. Il sortit un instant, défit son haut de chausses, et rentra bientôt, portant sur la main droite un pot couvert, et tenant une cuillère de la gauche.— Mangez la moitié de ce que j'ai mis là, dit-il à son adversaire; j'avalerai ensuite la moitié de ce que vous y mettrez.

Le fou du roi de Pologne n'eut besoin que de soulever à demi le couvercle pour se rejeter en arrière avec le cœur mal disposé:—J'aime mieux avoir perdu, s'écria-t-il.

Et ainsi Ulespiègle eut les ducats et l'habit.

Plaisante interprétation donnée à un arrangement qu'il fit avec une aubergiste: il dîne gratis.

Ulespiègle voulut aussi faire le voyage d'Italie et visiter Rome, toujours remplie d'illustres pélerins. Mais lorsqu'il arriva de l'autre côté des Alpes, il se trouva qu'il n'avait plus d'argent. Désireux toutefois de faire bonne chère, il eut recours à son esprit. Un jour, il aperçut une hôtesse, à la tournure avenante et ouverte, qui l'invitait à se reposer en sa maison. C'était l'heure du dîner ; et le costume d'Ulespiègle n'annonçait pas sa détresse. Comme il aperçut au dessus de la porte cette inscription : *Ici on donne à boire et à manger*, il la répéta tout haut avec un sourire malin et ajouta : Est-ce qu'on dîne ici pour rien ?

— Non, signor, répondit l'hôtesse en riant aussi, on paie.

— Quel est l'ordinaire, demande-t-il ?

— A la table d s seigneurs on donne huit sous, à la seconde table six sous, et à la troisième quatre sous.

— La table où on donne le plus est celle qui me va le mieux, mettez-moi avec les seigneurs.

Il mangea comme quatre, resta à table le dernier ; et quand il eut fini à son aise : — Eh bien ! dit-il à l'hôtesse, expédiez-moi.

— C'est huit sous, dit-elle en s'approchant. Il tendit la main : Donnez, fit-il ; cette petite somme me viendra à point, car je suis à sec.

— Comment l'entendez-vous, s'écria l'hôtesse stupéfaite ?

— Je l'entends comme je dois l'entendre ; ne m'avez-vous pas dit qu'à la table des seigneurs on donnait huit sous ? J'ai fait en sorte de les gagner ; j'ai mangé loyalement.

— Voilà un rusé coquin, dit la dame. Vous croyez donc qu'à la boucherie on nous donne la viande pour rien, qu'on nous paie pour vous héberger et que c'est ici un hospice.

— Je ne sais pas ce que c'est, dit le farceur en se levant gravement ; mais si vous ne payez pas, vous m'avez trompé ; car j'ai trop dîné et j'en serai malade.

Ce disant, il s'en alla, sans paraître ému le moins du monde des injures qu'on lui lançait, mais très-flatté de voir qu'on ne le retînt pas.

Moyen original qu'il emploie pour obtenir audience du souverain pontife.

Parvenu à Rome, Ulespiègle alla se loger chez une veuve très-dévote ; c'était une bonne vieille qui s'était imposé le devoir d'héberger les pélerins. Elle le reçut avec sa bienveillance connue ; et après qu'il eût bien soupé, elle lui demanda de quel pays il était.

— De la Flandre, dit-il, et je suis venu ici pour parler au pape.

— Mon enfant, répondit la bonne veuve, vous pourrez assurément voir le saint-père ; mais quant à lui parler, c'est chose plus difficile. Moi qui suis bien connue à Rome, je n'ai jamais pu y parvenir et je donnerais bien cent ducats pour jouir d'un si grand honneur.

— Promettez-vous de me les payer, si je fais en sorte que vous parliez au pape, dit Ulespiègle.

— Oh! de grand cœur, répliqua l'hôtesse.

— C'est bien, je retiens votre parole.

Le drôle attendit le jour où le souverain pontife disait la messe à Saint-Jean de Latran, ce qui avait lieu chaque semaine ; et pendant les saints offices il tourna le dos à l'autel, de manière à se faire remarquer de tous les cardinaux.

La messe terminée, on parla au pape de cette irrévérence, commise par un jeune homme de bonne tournure.—Qu'on le fasse venir, dit le saint-père.

Ulespiègle, interrogé sur sa foi, répondit qu'il avait la même croyance que son hôtesse, dont il indiqua le nom et la demeure.

On la manda aussitôt ; et comme il y avait quelques hérésies, depuis que les papes avaient si longtemps habité Avignon, on demanda à la bonne femme qu'elle était sa doctrine.

La veuve heureuse et confuse de se trouver en présence du père des fidèles, répondit qu'elle était catholique-romaine et qu'elle se soumettait sans restriction à tout ce que prescrivait l'Eglise.

— C'est aussi là ma profession de foi, ajouta Ulespiègle.

— Pourquoi donc, mon fils, dit le souverain pontife, tournez-vous le dos à l'autel pendant les offices sacrés ?

— Parce que je suis un grand pécheur,

répondit le pélerin un peu interdit, et que je
ne suis pas digne de lever les yeux sur cet
autel où Dieu réside.

Après cette explication, que le pape ac-
cueillit avec bonté, Ulespiègle fut renvoyé,
ainsi que son hôtesse; il ne manqua pas de se
faire délivrer les cent ducats qu'il venait de
gagner en procurant à la veuve l'occasion de
parler au saint-père.

*Il se procure une ample collecte au moyen
d'un habit de Pélerin. — Stratagême dont
il use en cette occasion.*

Ulespiègle ne s'était pas amendé à Rome.
En s'en revenant de la ville des saints apôtres,
après qu'il eût dépensé les cent ducats que lui
avait donnés la pieuse veuve, il s'avisa d'un
stratagême que l'on a toujours sévèrement
blâmé. Il se présenta, dans son costume de
pélerin, et s'adressant au curé d'un gros village, il lui dit qu'il revenait de la Terre-Sainte
où il était allé en expiation de ses péchés,
et que des aumônes qu'il pouvait recueillir il
avait fait vœu d'élever une chapelle à la Sainte-
Vierge, qu'il le priait en conséquence de lui
permettre, le lendemain dimanche, après la
messe de faire une courte allocution à ses paroissiens et de recevoir les dons de leur charité. Cette demande lui fut accordée; et la
nouvelle de la présence d'un pélerin venant
de la Palestine, amena à l'église plus de monde encore qu'à l'ordinaire.

Après le service divin , Ulespiègle monta sur un banc, et prenant la contenance la plus humble , expliqua aux assistants tout ce qu'il prétendait avoir souffert dans son pélérinage; puis il exprima le vœu qu'il avait fait , et ajouta: j'ai solennellement promis que les offrandes que je recevrais pour l'érection de cette chapelle seraient pures de toute souillure ; que je les recevrais des femmes seules et non des hommes. Ainsi que toutes celles qui ont quelque infidélité à se reprocher , si elles sont mariées , ou quelque faiblesse si elles sont filles , se gardent bien de m'approcher; car leur châtiment est certain dans ce monde et dans l'autre.

On vit à ces mots toutes les femmes et toutes les jeunes filles se lever spontanément et se presser d'aller porter leur offrande , chacune selon ses moyens ; elles s'imaginaient toutes qu'elles passeraient pour avoir manqué à leurs devoirs si elles agissaient autrement. Celles même sur la conduite desquelles planaient quelques soupçons , crurent par-là raffermir leur réputation ; et il y en eut qui se présentèrent deux ou trois fois, afin d'être plus certaines qu'on les avait remarquées.

De cette façon Ulespiègle fit une ample collecte ; et il s'en alla en déclarant que nulle part il n'avait rencontré un si remarquable ensemble de femmes vertueuses.

6

Comment il enlève les poules d'une pauvre vieille qui devient sa dupe.

Arrivé à Quedlimbourg et toujours sans argent, car, selon la remarque de l'éditeur de Stuttgard, l'argent mal acquis s'en va aussi vite qu'il est venu ; Ulespiègle rôdait en observateur dans le marché qui se tenait sur la place de l'abbaye. Les villageois alors étaient encore plus simples qu'aujourd'hui. Le rusé compère avisa une bonne vieille, qui étalait devant elle pour marchandise une douzaine de poules en compagnie d'un beau jeune coq, le tout enfermé dans un panier à clair-voie, qui permettait de les inspecter à l'aise.

— Combien votre panier, demanda-til ?

— Si vous prenez les poules et le coq, mon beau seigneur, répondit la villageoise, ce sera vingt-sept sous.

— Et vous ne pouvez pas diminuer quelques deniers ?

— Pas une maille.

— Alors je prends le tout ; et ce disant, il chargea le panier sur ses épaules.

— Comme il s'éloignait sans payer : — Dites donc, l'acheteur, cria la vieille, je ne les donne pas sans argent.

— Patience, ma bonne, je suis le sécrétaire de l'abbaye ; je vous apporterai vos vingt-sept sous.

— Excusez, mon maître ; mais il m'a été recommandé de ne rien donner qu'en recevant.

— Ah ! vous vous défiez de moi, dit Ulespiègle en s'arrêtant et déchargeant son panier à la porte du monastère ; eh bien ! je vais vous laisser un gage.

Et tirant le coq du panier il le mit entre les mains de la villageoise. — Voilà, dit-il, de quoi vous rassurer.

Comme le coq se débattait pour rejoindre ses poules et que la bonne femme était très-empêchée à le retenir, Ulespiègle enfila les corridors, marcha droit à la cuisine, vendit les douze poules au cuisinier, en reçut le montant et sortit avec assurance.

— La villageoise l'attendait à la porte. — Vos poules conviennent, dit-il ; vous n'avez qu'à porter aussi le coq, on vous paiera.

Ce disant il gagna le large.

Il est comdamné à être pendu.— Expédient dont il se sert pour échapper à la potence.

De Quedlimbourg, il paraît qu'Ulespiègle vint à Lubeck, où le commerce attirait une foule d'étrangers. Il y avait alors en cette ville un cabaretier qui avait gagné beaucoup d'argent et que sa fierté présomptueuse rendait odieux à tout le monde. Il avait coutume de dire que l'homme assez fin pour lui jouer un tour était encore à venir; et ceux qui avaient été trompés, comme il y en a tant dans les villes fréquentées, lui en voulaient de sa jactance. Ulespiègle se piqua d'honneur et prit le ferme propos d'attraper un homme si vain. Il se munit pour cela de deux pots semblables, l'un qu'il cachait sous son manteau, plein d'eau, l'autre qu'il portait à découvert était vide; il entra chez le cabaretier, et présentant le pot vide, il lui demanda une mesure de vin. Le cabaretier le servit; Ulespiègle, tout en s'inquiétant du prix du pot, changea adroitement le vase plein de vin contre l'autre, qu'il posa d'un air indifférent sur le comptoir. Le marchand, ayant répondu qu'il vendait le pot dix deniers :

— C'est trop cher, dit l'enfant de Knesselaere, je n'en puis donner que huit; voyez si vous pouvez laisser votre marchandise à ce prix.

Le cabaretier se fâcha : — Le prix de mon vin est fait, dit-il; qui n'en veut pas me le laisse.

— C'est ce que je ne savais pas, reprit tranquillement Tiel; reprenez-le donc, car je ne m'en soucie point. Le cabaretier en colère prit le pot qui était devant lui et le remet dans le tonneau, en disant qu'il fallait être bien peu de chose pour faire tirer du vin qu'on ne pouvait payer.

Ulespiègle reprit avec calme le pot vide et s'en alla boire avec ses amis celui qui était plein , en riant bien aux dépens du cabaretier.

Malheureusement l'aventure s'ébruita ; et comme les brocards pleuvaient sur le marchand de vin , il se fâcha. On ne plaisantait pas alors à Lubeck , en fait de vol. Ulespiègle fut arrêté, et comme les lois étaient fort sévères , et que peut-être il y avait sur le compte du personnage d'autres escroqueries dont on a vu qu'il ne se faisait pas faute , après une courte procédure il fut condamné à être pendu.

Le jour de l'exécution arrivé , une foule de curieux se pressait dans les rues pour voir passer Ulespiègle. Les uns le plaignaient , à cause du bon tour qu'il avait joué au cabaretier ; les autres étaient curieux de voir pendre un homme qui avait la réputation d'être si subtil ; la plupart des spectateurs lui portaient intérêt.

Lorsqu'il fut arrivé sous le gibet et qu'il eut monté la moitié de l'échelle , il demanda la permission de parler ; laquelle lui étant concédée , il pria les magistrats de vouloir bien lui accorder une autre faveur.

— Je ne demande pas qu'on me fasse grâce , dit-il ; ce que je désire est peu important, et j'ose affirmer qu'on peut me l'accorder sans qu'il en coûte rien.

D'après ces assurances, les magistrats , dont la compassion était excitée par la bienveillance des assistants , se retirèrent à l'écart pour délibérer; et i s'vinrent annoncer au comdamné qu'on lui accorderait sa demande, pourvu qu'elle ne tendît pas à obtenir remise de la peine.

Ulespiègle, alors respirant, se prit à dire : — Vous savez, mes seigneurs, que tout justement condamné que je suis, car des juges ne peuvent se tromper, je ne suis pourtant pas un grand coupable ; j'ai cru pouvoir me permettre de donner une leçon à un homme dont la présomption déplaisait ; j'ai été trop loin ; il faut que j'en convienne, puisque j'ai mérité le gibet. Cependant si vous sentez dans vos cœurs un peu de pitié pour moi, daignez me donner encore la garantie que vous ne me refuserez par la légère marque de bienveillance que j'attends de vos seigneuries.

La promesse solennelle lui en fut faite. Il ajouta : — L'engagement que vous venez de prendre à l'égard d'un homme qui va mourir me rassure ; aucun de vous ne s'abaisserait jusqu'à manquer à la foi jurée. Je meurs sans regret, car voici ma prière, et si j'en avais le temps je vous prouverais que j'ai le plus grand intérêt à vous la faire. Je vous demande donc, bourgmestre et conseillers juges de la ville de Lubeck, de venir à jeûn, tous les matins, pendant trente jours, comme vous venez de vous y obliger, et cela ne coûtera rien, me baiser le derrière, après que j'aurai été pendu.

Cette proposition inattendue causa une telle commotion dans toute l'assemblée , que pendant un quart-d'heure il fut impossible de s'entendre. Les magistats s'étaient de nouveau retirés à l'écart pour se consulter ; et ils avaient envoyé demander la grâce du coupable au conseil suprême , car ils ressentaient autant de dégoût à tenir leur promesse que de honte à manquer de parole. Ulespiègle fut donc ramené en prison ; et quelques jours après on lui annonça que sa peine était commuée en un bannissement et qu'on lui enjoignait de quitter la ville au plus vite, ordre qu'il s'empressa d'exécuter.

Plaisant moyen qu'il emploie pour déterminer une marchande de poteries , à briser tout ce qui se trouve dans sa boutique.

Ulespiègle gagna Brême ; il y trouva un seigneur qu'il avait connu dans ses voyages , et qui voulut le retenir quelque temps dans l'espoir d'en tirer bon divertissement de ses plaisanteries. Mais le farceur faisait le sérieux.

Il y avait trois jours qu'on s'étonnait de sa tranquillité ; tout son plaisir paraissait être dans quelques promenades solitaires qu'il faisait par la ville. Le seigneur lui demanda s'il avait donc perdu sa gaîté ? Dans mes voyages, dit-il, je me suis occupé de choses graves et curieuses ; et s'il plaît à votre seigneurie de faire avec moi un tour de promenade , elle verra un exemple de la puissance que j'ai acquise.

Le seigneur accepta avec empressement la proposition ; ils allèrent ensemble, sans aucune suite, et quand ils passèrent sur le grand marché, de ant l'échoppe d'une bonne femme qui vendait des pots et des écuelles de terre cuite : — Vous voyez cette femme, dit Ulespiègle, si le tour vous amuse, au moindre signe que je ferai, elle va briser tout ce qu'elle a dans sa boutique.

— Voyons ce prodige, dit le seigneur incrédule ; et sur un signe que Tiel Ulespiègle traça en l'air, la femme mit tous ses pots en pièces, en y allant des pieds et des mains.

— Tous les passants s'attroupèrent pour voir ce fait singulier, que personne ne comprenait. Le seigneur stupéfait tira Ulespiègle à l'écart et lui demanda d'où lui venait sa puissance?

— D'un moyen bien simple, mais qui est mon secret.

— Si vous me le dites, voici trente florins d'or.

— Mon digne seigneur, répliqua Ulespiègle, en alongeant la main pour prendre les trente florins, il n'y a ici ni science occulte, ni nécromancie. J'avais simplement payé les pots et recommandé à la marchande qu'elle les brisât à un certain signal convenu.

Le brave seigneur, joyeux de savoir un si bon tour, fit promettre à Ulespiègle de n'en rien dire ; et il invita plusieurs de ses amis à dîner. Il leur parla de la bizarre anecdote qui faisait déjà l'entretien de toute la ville. Comme la curiosité des convives était vivement excitée : — Je pourrais , dit-il , vous révéler les moyens d'obtenir ce résultat qui vous étonne , car j'en ai le secret ; et en passant avec vous devant une boutique je puis sur un signe obliger la marchande à détruire sa marchandise. Mais pour vous initier à une science si haute , il faut que chacun de vous s'engage à me faire don d'un bœuf.

Tous les convives , qui possédaient des terres et des troupeaux , prirent avec empressement l'engagement offert : — Eh bien ! dit le seigneur , tout consiste à prévenir la marchande et à lui payer le dégât.

Plus d'un fut penaud à cette explication ; mais tous firent honneur à leur engagement ; et les florins d'or donnés à Ulespiègle furent bien regagnés.

Sa conduite facétieuse chez un brasseur ; puis chez un tailleur au service desquels il est successivement admis.

Une des manies d'Ulespiègle était de prendre constamment les choses à la lettre. S'étant mis au service d'un brasseur, comme le patron s'en allait en noces avec sa femme , il lui recommanda de brasser de la bière , de surveiller la cuve et de bien cuire le houblon , pour donner de la force à la cuvée. Or, cet homme avait un gros chien maussade et hargneux avec qui Ulespiègle ne s'accommodait guère. Par malheur pour lui, ce chien s'appelait Houblon, selon l'habitude qu'ont les gens de métier de donner à leurs animaux domestiques un nom qui se rattache à quelque objet de leur profession. Ulespiègle, qui en voulait au chien, le mit dans la cuve; et le maître du logis, se'n revenant gaîment du festin, trouva son chien bouilli et sa bière gâtée. C'est dire que le farceur eut son congé.

Il prit alors l'aiguille et s'improvisa garçon tailleur. Le maître auquel il s'adressa était un bonhomme, plein de conseils et de proverbes. La manière dont il s'exprima fut un aliment pour l'esprit malin d'Ulespiègle.

— Mon enfant, dit-il d'abord, il faut coudre fin et serré, et faire en sorte que votre travail ne se voie point.

— Fort bien, maître, dit Ulespiègle; et il se mit à coudre sous une couverture qui l'empêchait de voir lui-même.

— Que faites vous donc là ? dit le tailleur surpris.

— Mais je fais en sorte que mon travail ne se voie point.

Le bourgeois rit de bon cœur, s'expliqua un peu mieux; puis, ayant à sortir, il donna à Ulespiègle une houppelande à moitié faite; c'était un habit de campagne, en très grosse laine fauve, qu'il était d'usage alors d'appeler un loup. Il ajouta : — Fais-moi de cela un loup soigné; et il partit.

Ulespiègle se mit à défaire tout ce qui était fait, tailla capricieusement l'étoffe, lui donna la forme d'un loup, la monta à grands points, et la plaça sur quatre bâtons au milieu de l'établi.

Quand le maître revint et qu'il vit l'ouvrage d'Ulespiègle ayant toute la forme de l'enveloppe d'un loup, le regret d'avoir perdu une pièce d'étoffe ne fût pas si fort chez lui que l'envie de rire, car il paraît que le tailleur était jovial. Il trouva son garçon très-spirituel; et le bon sens qu'il eut de ne pas se fâcher fit qu'Ulespiègle s'attacha à lui, de sorte que pendant quelques jours il travailla passablement.

Mais le naturel reparut à une occasion prochaine. Un matin que le maître allait prendre une mesure, il remit à Ulespiègle un pourpoint de velours, qui était tout fait et dont il ne restait à coudre que les manches.

— Il faut ce pourpoint dans deux heures, dit-il; puis il ajouta une expression allemande que nous ne saurions traduire : Monte le collet et *jette-lui les manches.* Ulespiègle monta le collet au haut d'un porte-manteau et s'occupa pendant deux heures à lui lancer les manches et à les ramasser.

— Que diable fais-tu là ? dit le bourgeois en rentrant.— Mais je fais ce que vous m'avez dit : j'ai monté le collet le plus haut que j'ai pu, et il y a deux heures que je lui jette les manches sans qu'elles veuillent tenir.

Il s'empare d'un veau, en prenant pour compère un garçon meunier de la classe des imbécilles.

Etant venu à Aix-la-Chapelle, et manquant d'argent, Ulespiègle vit un paysan qui marchait à pas lourds, traînant un veau derrière lui. L'occasion lui sembla bonne à saisir ; et avisant un garçon meunier qui paraissait assez niais : — Si tu veux, lui dit-il, nous allons faire un bon tour ; tu te mettras à la place du veau que je vais cacher là dans ce retrait de porte ; tu auras le plaisir de te faire traîner, et, en arrivant à la boucherie, nous rirons bien de la figure du manant.

Le garçon meunier se montra dispos ; Ulespiègle, ayant doucement détaché la corde qui tirait le veau, le garçon se mit à la sa place. Le paysan tirait toujours, à la risée des spectateurs qui le suivirent. Pendant ce temps Ulespiègle resta seul avec le veau. Un boucher qui passait, le voyant, lui demanda quel prix il voulait de sa bête. — Six florins, dit Ulespiègle. Le boucher les compta ; et le farceur gagna au large.

Mais les grands débats qui survinrent à la boucherie, lorsque le villageois trouva un

homme à la place de son veau , ayant amené
là le prévôt de la ville , et le garçon meunier
ayant donné le signalement d'Ulespiègle, des
archers furent envoyés à sa poursuite. Ils l'a-
perçurent qui sortait des portes , et par leurs
cris excitèrent le guet. Le rusé compère , pour
échapper aux poursuites , sauta dans le fossé;
et , passant sous un petit pont que couvraient
des ouvrages des fortifications , il s'échappa.

*Il entre chez un cordonnier où il gâte le
cuir qu'on lui confie ; son maître les ren-
voie , mais il se venge d'une manière im-
propre.*

Ulespiègle se mit au service d'un cordonnier. C'était un homme sententieux et qui
parlait avec de grandes prétentions. Quoique
le nouvel apprenti travaillât fort mal , comme
il avait l'air d'admirer tout ce que disait son
maître, ce qu'il faisait avec malice , celui-ci
prenait confiance en lui ; et un jour il lui ap-
porta un beau cuir de cheval et l'étalant devant lui : —Ulespiègle , mon garçon , lui
dit-il ; je vais te donner là une besogne de
seigneur. Tu vas nous tailler dans ce cuir de
quoi réjouir les pieds de tous nos gentilshommes ; et je jugerai ici ton intelligence.

— Maître , dit Ulespiègle , je ne puis de-
venir capable qu'en suivant vos enseigne-
ments. Précisez-moi ce que je dois faire.

— Comme le berger conduit son troupeau, mon fils, tu pousseras ton cuir devant toi ; comme il y a dans ce troupeau de grandes bêtes et des petites, à savoir des moutons, des agneaux, des pourceaux et des chèvres, tu tailleras de grandes et petites pièces, des moyennes à l'occasion, selon que l'étoffe se présentera. On ne peut pas faire des souliers d'un pied avec un morceau de six pouces. Mais il ne faut rien perdre, ni à droite, ni à gauche. Va donc devant toi ; je sors un moment, et à mon retour je verrai si tu es digne du tranchet et de l'alène.

Ulespiègle, demeuré seul, commença à tailler son cuir en diverses formes bizarres, donnant à ses morceaux, tantôt la forme d'un pourceau, tantôt celle d'un mouton, puis celle d'une chèvre, et faisant de petits agneaux avec les moindres pièces ; du reste ne perdant rien.

Quand le bourgeois revint et qu'il vit son cuir ainsi gâté, il se fâcha grièvement. — Mais, lui dit Ulespiègle, j'ai fait ce que vous m'avez recommandé ; vous parlez en figures ; je n'ai pas fait autre chose.

— Vous n'êtes bon à rien du tout, reprit le maître ; apprêtez du moins les marchandises pour la foire et attachez ensemble les souliers, les petits après les grands.

Le farceur prit encore ces mots à la lettre et se mit à coudre solidement un grand soulier à un petit ; sur quoi on le mit à la porte.

Il résolut de se venger ; et comme les idées qui lui venaient n'étaient pas toujours d'un goût délicat, il se munit d'un petit tonneau , l'emplit de certaines matières gelées (on était au cœur de l'hiver) , et mit par-dessus une épaisse couche de bonne poix. Il vint trouver le cordonnier : — Je souhaite , dit-il , vous indemniser du tort que je vous ai fait en gâtant vos cuirs. J'ai acheté , d'occasion , un tonneau de poix à très-bas prix. Je vous le cède pour trois florins.

Le bourgeois , ravi du bon marché , ouvrit le tonneau , flaira la poix , la pétrit , et la trouvant excellente , paya les trois florins et mit le tonneau dans sa boutique. Un gros poêle échauffait l'atelier , de manière qu'on n'y songeait pas au froid. Au bout d'une heure le contenu du tonneau dégela ; une très-mauvaise odeur , se répandant parmi la boutique , suscita de grossiers brocards , que les garçons se renvoyaient l'un à l'autre en se serrant le nez. Ce ne fut que le soir que le tonneau ayant été visité révéla le pot aux roses.

Il s'avise de plusieurs choses plaisantes.

Ulespiègle était fort redouté de quelques uns , à cause de sa malice. Le savetier , son voisin , le croyant sorcier , l'avait prié de ne lui parler qu'à travers les vitres et le farceur se prêtait à cette idée en coignant à la verrière , lorsqu'il donnait ses bottes à graisser. Mais le savetier, lui aussi, prenait à la lettre, connaissant le personnage, ce que lui disait Ulespiègle ; et quand celui-ci disait : Huilez mes bottes ; il les graissait avec de l'huile ; quand il disait : Beurrez mes bottes, on les frottait de beurre.

Un jour Ulespiègle, croyant que le lard adoucirait mieux sa chaussure, dit à la fenêtre dans sa manière : Lardez mes bottes. Le garçon du savetier prenait déjà un morceau de lard, pour les en frotter soigneusement, quand le maître remarqua qu'on avait à faire à Ulespiègle, et qu'il fallait plus exactement faire ce qu'il prescrivait. Il prit donc une lardoire et se mit à piquer et larder les bottes du plaisant comme on larde un lièvre qu'on veut rôtir. Puis il les lui envoya.

Ulespiègle, consterné de la manière dont on avait accommodé ses chaussures, et n'en n'ayant point d'autres, voulut au moins rendre malice pour malice. Se rappelant la prière que le savetier lui avait faite de ne lui parler qu'à travers les vitres, il s'en alla donner un coup de tête dans la verrière, l'enfonça en éclats dans l'échoppe et demanda au savetier s'il ne voulait pas venir manger de son plat ?

Peu de jours après, il fit dans la même ville une petite malice que quelques conteurs disent avoir eu lieu à Bruxelles ; ce que nous ne discuterons pas.

Il assembla sur la place publique, tous les

tailleurs de la ville, tous ceux des environs et même des lieux lointains, leur ayant fait donner avis qu'il avait à leur communiquer une grave et importante affaire, sans laquelle ils ne pouvaient jamais prospérer. Tous vinrent, empressés et curieux; et lorsqu'il les vit réunis en fort grande multitude, il monta sur un tréteau et leur dit: Quand je vous aurai fait savoir la cause pour laquelle je vous ai appelés, mes maîtres, vous reconnaîtrez combien elle vous sera nécessaire à tous. Vous tenez à la renommée de vos ouvrages; c'est pourquoi je voulais vous révéler solennellement le premier principe de tout bon tailleur et couturier, à savoir, qu'avant de coudre, vous ne devez jamais manquer de faire un nœud au bout du fil; autrement il ne tiendrait pas

Sur ce, il descendit et se perdit dans la place laissant les bons tailleurs et couturiers étonnés d'être venus de si loin pour en tant apprendre.

Il sert un plat de son métier à trois aveugles qu'il rencontre : plusieurs incidents origi-naux suivent cette rencontre.

Avant d'entrer en la ville de Luxembourg, où il se rendait, Ulespiègle fit rencontre de trois aveugles, qui vivaient d'aumône et mendiaient de compagnie. L'idée lui vint de jouer un tour à ces bonnes gens.— Où allez-vous donc ainsi ? leur demanda t-il.

— Devant nous, mon digne seigneur, avec l'espoir de gagner notre journée, s'il plaît à Dieu.

— Mais il fait grand froid : je veux que vous bénissiez ma rencontre. Voilà trois florins que je vous donne ; retournez à la ville et faites bonne chère aujourd'hui.

Ce disant, il leur souhaita bon appétit et s'éloigna de quelques pas, sans leur donner une obole. Chacun des trois aveugles crut que l'un de ses camarades avait reçu l'argent ; tous trois le remercièrent avec effusion ; ils rebroussèrent chemin joyeusement et entrant dans le premier cabaret ils racontèrent leur bonne fortune. L'hôte, qui les connaissait les fit asseoir, les félicita :

— Je veux, ajouta-t-il, pour vos trois florins, vous régaler comme des rois.

Il leur servit donc copieusement de quoi boire et de quoi manger ; et après le festin il leur demanda de payer l'écot. Alors les trois aveugles se dirent l'un à l'autre : — Que celui qui a reçu les trois florins paye la dépense. Mais chacun ajouta : Ce n'est pas moi.

En ce moment l'embarras commença : et, des longues explications qui suivirent, il résulta que ces pauvres gens avaient été trompés.

Le cabaretier qui était avare, se demanda : que ferai-je ? Si je les laisse aller, ce que j'ai fourni est perdu, tandis que si je les garde et que j'aille chercher la police, il se peut que quelques bonnes âmes viennent à leur aide et m'indemnisent. Il les enferma donc dans son écurie et se disposa à sortir.

Comme il franchissait le pas de sa porte, Ulespiègle parut, amené là, soit par curiosité, soit par l'intention de tirer d'embarras les trois aveugles qu'il avait suivis de loin.

— Vous avez l'air bien pressé, dit-il à l'hôte.

Et celui-ci lui conta ce qui venait d'avoir lieu.

— Pauvres gens ! répliqua Ulespiègle ; vous allez les punir durement d'une erreur involontaire, ne serait-il pas plus simple de leur trouver une caution ?

— Certainement, répondit le cabaretier, je me tranquilliserais, s'il s'en présentait une.

— Eh bien ! dit le farceur, je vais vous l'amener.

Il s'en alla trouver un bon vieux curé du voisinage et lui dit : — Je viens humblement vous prier, messire, de faire une œuvre de charité ; mon hôte est possédé d'un mauvais esprit ; venez le chasser, promptement, s'il vous plaît ; et on reconnaîtra vos peines.

— Volontiers, répondit le curé ; mais je suis empêché en ce moment ; retournez auprès de lui, dites qu'on le prépare et que j'irai dans deux heures.

— C'est grande bonté à vous, messire ; mais comme sa femme est fort inquiète, je vais vous l'amener, afin qu'elle apprenne de votre bouche qu'elle peut compter sur votre assistance.

Ulespiègle revint donc annoncer au cabaretier que le curé consentait à répondre de la dépense faite par les aveugles. — Il ne peut sortir pour l'instant, ajouta-t-il; mais que votre femme me suive jusque là, il le lui promettra à elle-même.

L'aubergiste réjoui envoya sa femme; et Ulespiègle dit au curé: — Voici la femme de notre hôto, veuillez l'assurer que vous arrangerez tout.

— Femme, dit en effet le curé, patientez deux heures, et, comme je l'ai promis, je tirerai votre mari d'affaire.

L'hôtesse, ayant fait ses révérences, s'en retourna, confirma ce qu'avait rapporté Tiel, et fit relâcher les trois aveugles, qui n'eurent rien de plus pressé que de gagner les champs.

Tiel, lui-même, ayant bu un coup qu'on lui offrit en reconnaissance de son bon office, ne jugea pas à propos d'attendre le curé. Il alla prendre gîte dans un quartier opposé de la ville.

A l'heure dite, le bon curé arriva; trouvant la cabaretière dans la chambre d'entrée, il lui demanda où était son mari

— Voilà, dit-elle, un homme de bien et qui est exact.

Puis elle appela son mari, et continuant: —Il sera heureux, dit-elle, de voir que vous venez si vite payer ce qui nous est dû.

— De quoi parlez-vous, dit le curé, est-ce votre mari qui vous a dit cela ?

— Je parle, répondit-elle, de cette petite somme que je puis recevoir à sa place.

— Il s'agit bien de somme, reprit le curé ; c'est le diable qui lui suggère de telles idées ; mais amenez-le ici et nous chasserons bien le démon qui le possède.

La femme, ne comprenant rien à tout ce discours, appela de rechef son mari, lequel étant occupé à vider un lièvre et ne se donnant pas le temps de se débarbouiller, accourut tout plein de sang, avec un grand couteau dans la main. Ce que voyant, le curé saisi d'effroi se prit à fuir au plus vite, en criant :

— A mon secours ! mes bons voisins, voilà un possédé qui veut me tuer !

Les voisins s'interposèrent ; tout s'expliqua ; et on reconnut que les aveugles, le cabaretier, sa femme et le curé, avaient été les dupes d'un plaisant.

Il punit les fanfaronnades d'un aubergiste.

Ulespiègle s'étant logé, comme on l'a dit, dans une auberge située de l'autre côté de la ville, y vivait à l'aise, comme s'il eût oublié qu'il logeait le diable dans sa bourse. Il comptait sur une bonne fortune ; elle lui vint.

Un soir que la nuit commençait à s'avancer, et comme tout le monde se couchait, trois marchands allemands frappèrent à la porte.

L'hôte, qui les connaissait pour ses habitués, alla leur ouvrir en grommelant et leur demandant pourquoi ils arrivaient si tard.—C'est, dirent-ils, que nous avons fait rencontre d'un loup, et que la peur d'en trouver d'autres dans le bois nous a fait faire un long détour.

— Quoi! s'écria d'un ton railleur l'aubergiste, qui était fanfaron autant que maussade à trois que vous êtes, vous vous laissez effrayer par un loup. Vous ne serez jamais que des poltrons. A moi seul, que je rencontre trois loups, je vous réponds bien de les mettre en fuite.

Il ajouta, pendant tout le souper, d'autres plaisanteries qui les mécontentèrent; ils en parlaient encore avec mauvaise humeur en se mettant au lit; et comme ils habitaient la même chambre qu'Ulespiègle:— Mes maîtres, leur dit-il, depuis quelques jours que je suis céans, j'ai déjà remarqué plus d'une fois que notre hôte n'est qu'un rodomont; et si ce n'était que je dois attendre une petite somme pour payer son compte, je lui jouerais un tour qui lui ôterait l'envie de parler de loups.

Les marchands, très-charmés de ces paroles, répondirent que s'il pouvait, par une bonne malice, les venger de la forfanterie de l'aubergiste, ils garantiraient volontiers ses dépenses.

—Allez donc demain à vos affaires, répliqua Ulespiègle; et après demain vous aurez satisfaction.

Lorsqu'ils partirent le matin en annonçant qu'ils n'allaient pas loin , l'hôte leur cria encore de prendre garde aux loups. Ils ne répliquèrent rien , sinon qu'ils recommandaient qu'on gardât leur coucher pour le lendemain.

Ulespiègle , qui était sorti avec eux , se procura dans la campagne un loup mort ; ce qui ne lui fut pas difficile , dans un pays qui en est peuplé. Il le vida , l'emplit de paille , et , l'emportant sous son manteau sans être vu , il le cacha dans sa chambre et dressa ses batteries pour le lendemain.

Quand les marchands reparurent , les quolibets recommencèrent. Ils les souffrirent patiemment , prévenus par Ulespiègle qu'ils allaient avoir leur revanche.

En effet , lorsque tout le monde se fut mis au lit , le malin garçon descendit doucement à la cuisine avec son loup , le dressa sur ses quatre pattes devant le foyer et lui mit dans la gueule les souliers du petit enfant.

Tout se trouvant ainsi disposé , il remonta sur la pointe des pieds dans la chambre qu'il occupait avec les trois marchands. — A présent , mes maîtres , dit-il , appelez l'aubergiste et demandez-lui un pot de bière.

Ils firent ce qui leur était conseillé ; et l'hôte , qui commençait un somme , grondant contre la coutume de boire la nuit , fit lever la servante , lui ordonnant de porter à boire aux voyageurs. La pauvre fille descendit en se frottant les yeux, pour allumer sa lampe au feu de l'âtre. Mais elle n'eût pas sitôt aperçu le loup, que, jetant un grand cri, elle laissa tomber sa lampe et s'alla barricader dans l'écurie.

Les marchands, avertis par le bruit, appelèrent l'hôte de nouveau. Celui-ci hurla après sa servante; et n'en obtenant aucune réponse, il se leva très-impatienté et descendit, muni d'une torche de résine qu'il alluma. Mais en se retournant, il se vit face à face avec le loup; et, tombant par terre, plein de frayeur, il s'écria : — A moi, mes amis ! du secours contre un loup enragé, qui a dévoré les enfants et la servante.

Ulespiègle et les trois marchands arrivèrent à ces clameurs; et l'un d'eux, devant toute la maison qui était debout, dit en riant : Voyez donc ce vaillant homme qui nous traitait de poltrons et qui se meurt d'effroi devant un loup mort.

L'hôte consterné baissa la tête; il regagna son lit au milieu des railleries, et le lendemain Ulespiègle le quittant avec les marchands, ses nouveaux amis, divulgua l'aventure par la ville : correction qui rabattit un peu l'insolence de l'aubergiste.

*Il se venge d'un hollandais qui avait gobé
son dîner.*

Les trois marchands, de plus en plus char-
més de la bonne humeur d'Ulespiègle, l'en-
gagèrent à les accompagner jusqu'à Anvers où
ils se rendaient. Ce voyage lui convint ; et il
se laissa défrayer, payant par des plaisanteries
la dépense que ses compagnons faisaient
pour lui.

Dans l'auberge où ils s'arrêtèrent, non loin
du port d'Anvers, se trouvaient plusieurs Hollandais. L'un d'eux contre l'ordinaire, était
goguenard et ne semblait occupé qu'à divertir
la société. Au dîner, Ulespiègle, se sentant
un peu malade, demanda deux œufs frais.
Dès qu'on les eut servis, le Hollandais, pro-
fitent d'un moment où Ulespiègle avait la tête
tournée, enleva lestement les deux œufs, les
ouvrit, les huma, et remettant les coques
vides sur la table : — Voici les châsses, dit-il ;
mais les reliques n'y sont plus.

Ulespiègle vit bien que le Hollandais le prenait pour un simple campagnard. Il jugea à
propos d'en soutenir le personnage, se mit à
rire d'un rire niais et se contenta de dire ce
peu de mots : Je saurai bien trouver autre chose.

Il s'en alla à la cuisine, où l'on faisait griller
des pommes; il choisit les deux plus belles, in-
troduisit dans chacune une bonne dose de jalap et se les fit servir. Il les saupoudra de sucre

et se leva de nouveau, comme pour une autre fantaisie.

Le Hollandais, qui ne guettait qu'une seconde occasion de faire ses forces, ne laissa pas échapper celle-ci ; il avala les deux pommes et se disposa à rire de la surprise du voyageur.

Ulespiègle, qui se restaurait un peu à la cuisine, ne reparut qu'au bout de dix minutes. Tout le monde souriait, excepté le Hollandais qui avait mangé les pommes. Des nausées et des tiraillements de ventre lui arrivaient, avec de tels maux de cœur, qu'il ne tarda pas à pâlir, à changer de ton et à crier qu'il se croyait empoisonné.

— Pas le moins du monde, dit froidement Ulespiègle. Mais si vous m'eussiez prévenu que vous alliez manger mes pommes en deux bouchées, je vous aurais rappelé que les œufs mollets ne supportent pas les pommes cuites avec du jalap. Par conséquent il faut qu'ils sortent.

Ce qui eut lieu.

Après quoi, les rieurs ne furent plus du côté du Hollandais.

Comment il en use avec un luthier qui s'était amusé à ses dépens.

Il y avait à Anvers, en ce temps-là, un luthier très-malin qui se plaisait à faire des ours aux bourgeois. Ayant appris l'arrivée d'Ulespiègle, dont le nom était célèbre, et sachant déjà la petite vengeance qu'il avait tirée du Hollandais, l'envie lui vint de s'attaquer à ce farceur. Il se mit donc à fréquenter le cabaret où Tiel Ulespiègle passait ses soirées, lia connaissance avec lui, admira ses tours, lui conta les siens, et après quelques avances amicales, il lui dit un soir :

—Moi aussi, j'aime à faire des malices quand j'en trouve l'occasion ; venez donc demain dîner avec moi, si vous le pouvez ; nous nous amuserons.

Ulespiègle accepta la proposition ; le lendemain il se rendit chez le luthier, à l'heure convenue ; mais il eut beau frapper et sonner à la porte, personne ne vint lui ouvrir: Il comprit alors qu'il était dupe d'un jeu de mots, le luthier lui ayant dit : Venez dîner avec moi, si vous le pouvez. Il se retira tranquillement.

A quelques jours de là, il rencontra le luthier : — Je suis charmé de votre tour, lui dit-il: on apprend tous les jours quelque chose.

Le luthier joyeux, répondit : — C'est un honneur pour moi de vous avoir fait tomber dans un panneau. Mais à présent que j'ai eu cette petite satisfaction, rancune et plaisanterie à part, vous dînerez avec moi. Si vous le voulez, se sera aujourd'hui même. Rendez-vous de ce pas à la maison ; vous y trouverez ma femme et mon petit enfant.

Dans une demi-heure je suis à vous. Nous n'avons invité personne ; vous serez seul , mais à cœur joyeux il n'est besoin de nombreuse compagnie.

Ulespiègle se rendit à la maison du luthier.

— Votre mari , dit-il à sa femme , veut que je lui pardonne le tour qu'il m'a joué , et que je dîne avec vous aujourd'hui Il vous prie de l'aller joindre avec la servante au marché au poisson , où il veut acheter un superbe turbot , si c'est votre avis.

C'est bien , répondit la femme ; j'y vais de ce pas. Ayez la bonté de surveiller l'enfant. Nous avons rôti et bouilli , qui déjà sont à point ; le turbot complètera un dîner passable.

Elle sortit à la hâte et rencontra bientôt son mari , qui lui demanda où elle allait si vite.

— Mais , répondit-elle , je vous allais joindre au marché au poisson , pour le turbot que vous voulez acheter.

— Qui vous a dit cela ?

— Ulespiègle.

— Allons vite , car je vois qu'il veut me rendre la monnaie de ma pièce.

Pendant ce temps-là , Ulespiègle , après avoir poussé les verrous , avait placé sur la table ce qu'il avait trouvé sur le feu ; il avait tiré de la cave une bouteille de vieux vin ; et il commençait à faire bonne chère , quand le luthier et sa femme frappèrent à la porte. Le malin convive ne se dérangea pas , laissa frapper et sonner, poursuivit son dîner tranquillement et quand il eut fini, il mit la tête à la fenêtre et dit paisiblement au luthier qui se fâchait : — Pourquoi me dérangez-vous ? ne m'aviez-vous pas dit que je serai seul à dîner ?

Là-dessus il tira le verrou, ouvrit la porte avec calme, fit un grand salut au bourgeois et à sa femme et sortit en leur disant : A présent, rancune et plaisanterie à part, nous sommes quittes.

Il dicte son testament, il meurt comme il avait vécu.—Grand désappointement des légataires de ce farceur.

Ulespiègle s'était retiré à Damme, ou il devint malade. N'ayant pas d'argent pour payer les médecins, il fut transporté par ses voisins à l'hôpital, qu'on appelait à Damme la Maison du Saint-Esprit. Il dit en y entrant : — J'ai souvent espéré (et plus d'une fois j'en ai eu besoin) que le Saint Esprit me visiterait ; mais il paraît que c'est moi qui lui fait la première visite.

Il conserva ainsi sa gaîté jusqu'au dernier moment ; car sa maladie était mortelle.

Sentant sa fin approcher, il demanda à faire son testament. Comme il avait un coffre très-lourd, tous ceux qui l'entouraient lui prodiguèrent des soins empressés, dans l'espoir qu'il ne les oublierait pas Ces petits soins lui procurèrent quelque agrément en sa dernière maladie.

Dans l'expression écrite par notaire de ses volontés, il divisa ses biens en trois parts ; il léguait la premi re à ses parents, s'il s'en présentait ; la seconde au magistrat de Damme et la troisième au curé. Le coffre qui contenait son héritage devait être confié aux frères du couvent, jusqu'après ses funérailles

Il mourut doucement ainsi. Son corps fut mis dans un beau cercueil, un service avec luminaire fut célébré pour le repos de son ame.

Son enterrement eut, comme sa vie dont il faisait la clôture, quelque chose de bizarre. Au moment où l'on descendait la bière dans la fosse, une des cordes se rompit ; le cercueil tomba perpendiculairement et le mort se trouva sur ses pieds. On crut devoir laisser les choses ainsi ; et la fosse ayant été remplie, on y posa une pierre où l'on grava un hibou sur un miroir, avec une inscription ainsi conçue : « Passant, n'oubliez pas cette tombe: Ulespiègle y repose ; mais il est encore debout. »

Quelques jours après l'enterrement, les légataires présents à Damme se réunirent pour ouvrir le coffre et partager les biens qui leur avaient été laissés. Ils n'y virent que des pavés et des briques.

Quand le premier moment d'humeur fut passé, on trouva le tour plaisant et digne de la vie dont il était la fin.

F I N.